Christoph Schlingensief

AC:

Church of Fear

Christoph Schlingensief

Museum Ludwig, Köln

Verlag der Buchhandlung
Walther König, Köln

Ausstellung | Exhibition:

AC: Christoph Schlingensief: Church of Fear
Museum Ludwig, Köln

29. Juli 2005 – 30. Oktober 2005
29 July 2005 – 30 October 2005

Herausgeber | Editor: Museum Ludwig:
Alice Koegel, Kasper König

Ausstellung kuratiert von | Exhibition curated by:
Alice Koegel, Ulrich Wilmes

Die Ausstellung wurde realisiert mit Unterstützung von | The exhibition was supported by:

AC:/DC: Förderkreis | AC:/DC: Group of Patrons:
Johannes Becker, Dr. Wolfgang Bornheim, Anna Friebe-Reininghaus, Dr. Dietrich Gottwald, Dr. Andreas Hölscher, Paul Köser, Dr. Dieter und Gabriele Kortmann, Andra Lauffs-Wegner, Udo Müller (Ströer-Out-of-Home-Media), Doris Reimann, Lee Weissman

Redaktion | Editorial Work: Alice Koegel

Übersetzung | Translation: Michael Eldred

Fotografie | Photography: Nikos Choudetsanakis

Gestaltung | Design: Silke Fahnert, Uwe Koch, Köln
Yvonne Quirmbach (Logo)

Lithografie | Lithography: Farbanalyse, Köln

Herstellung | Production: Druckerei Fries, Köln

Die Deutsche Bibliothek – CIP-Einheitsaufnahme

Ein Titelsatz für diese Publikation ist bei
Der Deutschen Bibliothek erhältlich

Distribution outside Europe:

D. A. P. / Distributed Art Publishers, New York
155 Sixth Avenue, New York, NY 10013
Tel 212-627-1999 Fax 212-627-9484

ISBN 3-88375-994-5 Printed in Germany

Vorwort

An der *Church of Fear* gab es kein Vorbeikommen auf dem Areal der Biennale in Venedig in der apokalyptischen Hitze des Sommers 2003: Gleich am Eingang der Giardini, noch vor Erreichen des ersten Länderpavillons, empfingen einen Mitglieder dieses offenen Angstbündnisses und sieben Terrorgeschädigte, die dort auf Pfählen sieben Tage im Bekenntnis zu ihren Ängsten um die Wette saßen. Am anderen Ende des Biennale-Geländes, im Garten des Arsenale, stand allen Besuchern eine kleine Holzkapelle als Zentrum der Information zur *Church of Fear* und für Angst-Beichten offen.

Den Kunstraum, den Ort des ersten öffentlichen Auftritts der *Church of Fear* nach ihrer Gründung durch Christoph Schlingensief und acht weitere Initiatoren zu Beginn des Irak-Kriegs am 20. März 2003, haben er und die Mitglieder und Sympathisanten der *Church of Fear* bald jedoch bewusst Richtung Straßenraum verlassen. Prozessionen und Straßenaktionen, weitere Pfahlsitzwettbewerbe und Messfeiern führten sie von Pokhara nach Katmandu und im September 2003 von der Kölner Domplatte zum Frankfurter Bockenheimer Depot. Der Raum der Alltagsrealität wurde zum Kunstraum und die *Church of Fear* nach eigenen Angaben auf 900 Basisgemeinden und Sympathisantengruppen mit über 21.000 Mitgliedern auf sechs Kontinenten erweitert. Auf dem Weg nach Bayreuth, vor einem Jahr, zu seiner Inszenierung des *Parsifal*, hat Christoph Schlingensief ihnen die Basisarbeit gegen das Angst- und Terrormonopol der Macht und die Verleugnung eigener Ängste überantwortet, nicht ohne aber weiterhin aktiv für sie zu sein.

So baut auf unsere Einladung hin Christoph Schlingensief nun im Sommer 2005 die Holzkirche erneut und wiederum bewusst im Kunstraum auf: Dass die *Church of Fear* auf der Dachterrasse unseres Museums Station macht – parallel und in unmittelbarer Nähe zu einem der Hauptschauplätze des katholischen Weltjugendtags – und sich als in unserer AC:/DC:-Ausstellungsreihe vorgestelltes Projekt nicht im großen Untergeschosssaal des Museum Ludwig einnistet, ist kein Zufall. Mit Christoph Schlingensief waren wir uns von Anfang an einig, dass wir die Holzkirche auf der südlichen Museumsdachterrasse mit Blick auf und im Blickfeld von Kölner Dom und Groß-Sankt-Martin sicht- und hörbar schon auch ohne Eintritt ins Museum platzieren wollen. Dort behauptet sich das scheinbar so unschuldigpovere weiße Kirchlein, von dem beharrlich der Muezzin ruft, gegen den mächtigen Dom. Angesichts massiver Fremderzeugung und -bestimmung von Angst bei zunehmendem Terrorismus und Kampf gegen den Terror, der seinerseits Rechtsverletzungen und Gegengewalt schafft, ist die Aktivität der *Church of Fear* nach wie vor notwendig.

Dass wir die *Church of Fear* als AC:-Projekt zeitgleich und doch unabhängig mit den *Naked Drawings* Dan Perjovschis als DC:-Projekt präsentieren können, freut uns besonders. In der politischen Qualität ihrer äußerst unterschiedlichen Arbeiten und Arbeitsweisen formuliert sich je eigener Widerspruch, den eine Auseinandersetzung mit beiden Ausstellungen auf unvorhersehbare Weise zu intensivieren vermag.

Unser herzlicher Dank gilt Christoph Schlingensief, der enthusiastisch und passioniert mit uns daran gearbeitet hat, der *Church of Fear* im Museum Ludwig eine Anlaufstation zu ermöglichen. Dass sie im Rahmen einer Ausstellung überhaupt wiedererrichtet werden konnte, ist der großzügigen finanziellen Unterstützung des AC:/DC: Förderkreises zu verdanken, namentlich: Johannes Becker, Dr. Wolfgang Bornheim, Anna Friebe-Reininghaus, Dr. Dietrich Gottwald, Dr. Andreas Hölscher, Paul Köser, Dr. Dieter und Gabriele Kortmann, Andra Lauffs-Wegner, Udo Müller (Ströer-Out-of-Home-Media), Doris Reimann und Lee Weissman. Ein weiterer großer Dank geht an die Galerie Hauser & Wirth Zürich und dort insbesondere an Natalia Stachon und Anita Schwank für ihre Unterstützung bei der Organisation und Installation. Herzlich danken wir auch Jörg van der Horst, künstlerischer Mitarbeiter Christoph Schlingensiefs, für seinen Text zur *Church of Fear* aus Insiderperspektive und beste redaktionelle Zusammenarbeit beim Insert in bewährt engagierter Kooperation mit der StadtRevue, die es bereits in ihrer August-Ausgabe veröffentlichte. Hans Ulrich Obrist und Alice Koegel danken wir für ihre Interviews mit Christoph Schlingensief anlässlich des ersten öffentlichen Auftritts der *Church of Fear* in Venedig und ihrer Präsenz im Museum Ludwig. Nicht zuletzt gilt unser besonderer Dank auch dem sehr engagierten Kuratorenteam dieser Ausstellung Alice Koegel und Ulrich Wilmes. Auch freuen wir uns, Ihnen im Kino im Museum Ludwig ein in Zusammenarbeit mit Christoph Schlingensief zusammengestelltes Programm seiner Filme zeigen zu können.

Kasper König

Foreword

There was no avoiding the *Church of Fear* at the Venice Biennale in the apocalyptic heat of the summer of 2003. Right at the entrance to the Giardini, before reaching the first of the country pavilions, there was a reception by members of this open alliance of fear and seven people damaged by terror who sat there on poles in a competition for seven days as a confession of their fears. At the other end of the Biennale grounds, in the garden of Arsenale, a small, wooden church stood open to all visitors for confessions of fear and as an information centre for the *Church of Fear*.

The domain of art, the location of the first public appearance of the *Church of Fear* after its founding by Christoph Schlingensief and eight other initiators at the start of the Iraq war on 20 March 2003, however, was soon consciously abandoned by him and sympathizers of the *Church of Fear* in the direction of the street. Processions and street happenings, further pole-sitting competitions and celebrations of mass led them from Pokhara to Katmandu, and in September 2003 from the cathedral square in Cologne to Bockenheimer Depot in Frankfurt. The space of everyday reality became art space, and the *Church of Fear*, according to its own information, expanded to 900 grass-roots members and sympathizer groups with more than 21,000 members on six continents. On the way to Bayreuth a year ago, to his staging of *Parsifal*, but without ceasing to be active for the *Church of Fear*, Christoph Schlingensief handed over to them the grass-roots work against the monopoly of fear and terror held by the instances of power and against the denial of one's own fears.

Thus, following our invitation, Christoph Schlingensief has again erected the wooden church in the summer of 2005, intentionally within the domain of art. It is no coincidence that the *Church of Fear* is stopping over at the roof terrace of our museum – parallel to and in the immediate vicinity of one of the main venues of the Catholic World Youth Day – and is not embedding itself within the large basement hall of Museum Ludwig as a project presented within our AC:/DC: series of exhibitions. From the outset we were in agreement with Christoph Schlingensief that we wanted to position the wooden church on the southern roof terrace of the museum with a view of, and within view of the Cologne Cathedral and Great St Martin's, in a visible and audible way, already without having to enter the museum. There, the apparently so innocent and poor little white church, from which the muezzin incessantly calls, asserts itself against the powerful cathedral. In view of the massive generation and manipulation of fear by others with the increasing terrorism in the fight against terror, which in turn creates infringements of law and counter-violence, the activity of the *Church of Fear* continues to be necessary.

We are particularly glad that we are able to present the *Church of Fear* as an AC: project simultaneously with but nevertheless independently of the *Naked Drawings* of Dan Perjovschi as a DC: project. In the political quality of their extremely different works and ways of working, each formulates its own contradiction which a critical engagement with the two exhibitions is able to intensify in unpredictable ways.

We are very grateful to Christoph Schlingensief, who worked enthusiastically and passionately with us to enable a point of congregation for the *Church of Fear* to be set up in Museum Ludwig. The fact that it could be erected again at all within an exhibition is due to the generous financial support of the AC:/DC: Group of Patrons, namely, Johannes Becker, Dr. Wolfgang Bornheim, Anna Friebe-Reininghaus, Dr. Dietrich Gottwald, Dr. Andreas Hölscher, Paul Köser, Dr. Dieter and Gabriele Kortmann, Andra Lauffs-Wegner, Udo Müller (Ströer-Out-of-Home-Media), Doris Reimann and Lee Weissman. Further thanks go to Galerie Hauser & Wirth Zurich, and there in particular to Natalia Stachon and Anita Schwank for their support with organization and installation. We also heartily thank Jörg van der Horst, Christoph Schlingensief's artistic assistant, for his article about the *Church of Fear* from an insider perspective and top-quality editorial collaboration for the insert in the proven, committed co-operation with the StadtRevue, which published the supplement already in its August issue. We thank Hans Ulrich Obrist and Alice Koegel for their interviews with Christoph Schlingensief on the occasion of the first public presentation of the *Church of Fear* in Venice and its sojourn in Museum Ludwig. Not least of all we owe special thanks also to the very committed curator team for this exhibition, Alice Koegel and Ulrich Wilmes. We are also glad to be able to show you in the cinema of Museum Ludwig a program of Christoph Schlingensief's films which has been compiled in collaboration with him.

Kasper König

„Meine Arbeit hat immer mit dem Blickwechsel zu tun“

Christoph Schlingensief im Gespräch mit Hans Ulrich Obrist, aus Anlass des *Ersten Internationalen Pfahlsitzwettbewerbes* der *Church of Fear* im Rahmen der 50. Biennale in Venedig 2003 (Auszug)

Hans Ulrich Obrist (HUO): Welche Rolle spielt Beuys für Dich?

Christoph Schlingensief (CS): Beuys hat für mich viel bedeutet. Mein Vater war Mitglied im Lions Club, der einmal jährlich ein Künstlertreffen veranstaltete. Im Frühjahr 1976 wurde Beuys in den Saalbau in Essen eingeladen. Beuys saß auf dem Podium und hat etwas erzählt, was ich nicht verstand. Ich fand aber den Sing-Sang seiner Stimme faszinierend. Die Herren vom Lions Club schliefen einer nach dem anderen ein. Plötzlich sagte Beuys: „Und ich sage Ihnen, dieses Gesellschaftssystem wird in sieben Jahren zerstört sein.“ Da sind alle kollektiv aufgewacht, sind hochgeschnellt und haben gebellt wie die Hunde: „Was redet der da? Gesellschaftssystem zerstört? Was soll der Blödsinn?“ Vor drei Jahren habe ich meinen Vater gefragt, ob er sich an diesen Abend noch erinnere. Er sagte: „Ja, das weiß ich noch. Ich habe mir das in meinen Terminkalender eingetragen und sieben Jahre lang nachgehalten. Es ist aber nicht eingetreten, Beuys hatte Unrecht.“ Ich wies ihn dann darauf hin, dass Beuys vielleicht Unrecht gehabt habe, dass Beuys ihn aber sieben Jahre lang mit dem Gedanken, auch mit der Angst, das System könnte zerbrechen, beschäftigt hat. Und das finde ich toll. Diese Begegnung mit Beuys war für mich ein prägender Eindruck. In der sozialen Plastik steht man einfach drin. Das ist das Aufregende und Interessante daran. Auf die herkömmliche Plastik gehe ich zu, grüble nach, „Was will mir der Künstler damit sagen?“, trete einen Schritt zurück – und falle über den Hocker, der hinter mir steht. Der Hocker ist mir näher als die Plastik ...

HUO: Hinsichtlich der Parteiaktivität gibt es ja auch Parallelen zu Deiner *CHANCE 2000*.

CS: Als wir 1998 in Köln Unterschriften sammelten, kam Beuys-Schüler Johannes Stüttgen und sagte überrascht: „‚Wähle Dich selbst!‘? Das ist ja unser Slogan, der Beuys-Slogan.“ Ich habe das zuerst gar nicht geglaubt und fragte dann nach. Stüttgen erklärte uns die Situation von damals und es stellte sich heraus, dass man zu unterschiedlichen Zeiten gleiche Empfindungen haben kann. Das klingt einfach, ist aber hochinteressant. Somit war es ihr Satz genauso wie unser Satz, eine zeitlose Aufforderung. Ich denke deshalb, dass man ihn ein zweites und drittes Mal anwenden darf, dass man Dinge auch aus einem totalen Missverständnis heraus anwenden darf. Das ist etwas, was Politik überhaupt nicht zulässt. Man kann auch Dinge aufnehmen und falsch verstehen, nämlich so, wie man sie für sich selbst verstehen will. Aber was heißt dann „falsch“? Der Parteigründer kann zum Beispiel sagen: „Das ist unser Ansatz, der ist aber jetzt falsch verstanden worden.“ Die Politik reagiert darauf, indem sie ihre Programme dermaßen verbiegt, dass letztlich nicht mehr klar ist, wer hier was vertritt. Da wird bestimmt viel nachgedacht und in Lösungsschemata gepfercht, aber gehandelt wird nicht, Handlungsfähigkeit spielt gar keine Rolle. Dass man Beuys anwenden darf, ordentlich oder auch grauenhaft anwenden darf, das finde ich an Beuys so gut. [...]

HUO: Ist Rainer Werner Fassbinder für Dich auch eine inspirierende Figur? Wenn ja, wann hat Dich Fassbinder beeinflusst?

CS: Das begann in den frühen 70er Jahren. In Oberhausen finden die Kurzfilmtage statt. Da ging ich als Zwölfjähriger in Filme, die ich absolut langweilig fand, Filme von Demonstrationen im Ostblock und Arbeiterschicksalen. Es kamen auch immer viele Filmkritiker aus Ost und West. Da traf sich also das engagierte linke Denken. Die Treffen waren immer so inszeniert, dass sie schon an den ersten Bankettbrötchen hängen blieben. Man sprach dann über „diese tollen Filme", die tatsächlich vollkommen bedeutungslos waren. Da war ich trotzdem oft und habe mich immer gewundert, warum die Leute so pseudoaktiv in Oberhausen einfallen. Das Treffen hatte keine Aufladung. Man hat hochtrabende Diskussionsreihen veranstaltet, sich dabei aber schließlich nur kollektiv beerdigt. Die Kurzfilmtage waren für mich eine Initialzündung, was Film angeht. Aber es war nie faszinierend. Irgendwann habe ich dann mal *Angst essen Seele auf* und *Satansbraten* gesehen. Das waren Filme, die ich toll fand. Da war etwas anderes drin. Auf das „System Fassbinder" bin ich 1986 während der Berlinale gestoßen, also erst vier Jahre nach seinem Tod. Da lief mein Film *Menu Total* im Delphi-Filmpalast, der miserabel ankam. Nach zehn Minuten ging Wim Wenders, dann gingen noch mehr Leute. Am Ende waren noch 400 da und es gab eine Schlägerei im Publikum. Mein Vater kam ins Foyer und weinte: „Ich hätte nie gedacht, dass Du so einen Film machst!" Seine Schwester, meine Tante, fand den Film aber ganz toll. Dann kam Udo Kier, der mit Fassbinder gearbeitet hatte, nahm meine Hand und sagte: „Ich habe Ihren Film gesehen, ich fand den total lustig." Das war ein guter Einstieg. Mein Lehrmeister Werner Nekes sagte, es wäre ein faschistischer Film.

HUO: War Werner Nekes indirekt oder direkt Dein Lehrmeister?

CS: Direkt. Ich habe ihn 1980 kennen gelernt und war drei Jahre sein Assistent. So bin ich in seine Familie hineingerutscht und war drei Jahre lang überall mit ihm unterwegs. Er hat mich in dem Sinne „versaut", dass er Experimentalfilme machte, ich aber eigentlich Mainstreamfilme machen wollte. Nekes interessierte sich sehr für die historische Entwicklung des Films und erklärte mir immer, dass nur die Trägheit unserer Nerven das Sehen von Filmen möglich macht. Das war sein Ansatzpunkt, über den ich das Medium Film ganz anders kennen gelernt habe. Über Udo Kier habe ich Margit Carstensen, Volker Spengler, Juliane Lorenz und Irm Hermann kennen gelernt. Dadurch kam mir Fassbinder immer näher. Fassbinder selbst habe ich 1980 mal für den Bruchteil einer Sekunde gesehen, in einem Studio in München, wo er *Lilli Marleen* drehte. Für mich ist er wichtig, weil er mit *Angst essen Seele auf* einen Film gemacht hat, in dem ein Ausländer eine Beziehung mit einer alten Frau hat. Damit untergrub er das Selbstbewusstsein der Deutschen und des deutschen Films, die beide gerne so glamourös wie Hollywood sein wollten. Ihre Filme handelten nicht von der deutschen Gegenwart, sondern vom Zweiten Weltkrieg, und sie hatten nur eine Botschaft: So schlimm sind wir doch gar nicht! Aber Fassbinders Filme erregten im Ausland Aufsehen. Er konnte Raum und Zeit verschwimmen lassen. So drehte er bereits einen neuen Film, während ein anderer gerade erst gezeigt wurde. Der Blick der Kritiker wurde von der Vergangenheit auf die Gegenwart gelenkt. Diese Spiegelung hatte zur Folge, dass viele Kritiker ihre oberflächlichen Urteile revidierten.

HUO: Kannst Du diese Spiegelung genauer erklären?

CS: Die Leute denken, sie würden ein Stück inszenieren, dann ein anderes und langsam würde dann so etwas wie ein Haus entstehen. Das verstehe ich auch beim Theater nicht, denn das ist es eben nicht. Das kann einfach nicht alles sein. Ich glaube, dass diese Betrachtungsmechanismen falsch sind. Ich finde die Spiegelungen und Umlenkungen sehr interessant. Im Hinblick auf meine *Parsifal*-Inszenierung habe ich vorgeschlagen, den Blick aus dem Universum heraus auf Parsifal, „den reinen Tor", zu richten. Man kann die Figuren nicht ausschließlich unter dem Aspekt abhandeln, welche irdischen Probleme sie haben. Es gibt auch eine universelle, eine astronomische Sichtweise, in der Personen als Gestirne verstanden und dementsprechend erforscht werden. Auch hier interessiert mich die Aufladung, die durch einen bestimmten Blickwinkel erzeugt wird. Mich interessiert, den Betrachter zum Teil der Illusion werden zu lassen, um ihn gleichzeitig in die Wirklichkeit zurück zu schicken. Bei der traditionellen Konstellation mit dem Besucher als außenstehendem Betrachter stellt sich mir die Frage, ob er die Dinge wirklich beurteilen kann. Ich sage: nein. Er hat aus der Distanz heraus gar keine Chance, zu verstehen. Ich kann das an einer Geschichte von den Dreharbeiten zu *Dr. Faustus* von Edgar Reitz erklären, bei dem ich als Kameraassistent gearbeitet habe: Es wurde ein künstlicher Baum aufgebaut, neben dem Leverkühn steht und in den der Blitz des Teufels einschlägt. Wir haben diese Szene mit drei Kameras gedreht. Jeder der drei Kameramänner – ein tschechischer Kameramann, der zweite Kameramann und ich – drehte die Szene mit. Die ersten beiden Kameramänner meinten anschließend, sie hätten den Blitz gesehen und er sei sicher auf dem Film. Ich dagegen hatte nichts gesehen. Als das Filmmaterial aus dem Kopierwerk kam, war der Blitz nur auf meinem Film zu sehen, nicht auf den Rollen der beiden anderen. Das kommt daher, dass das Umlaufwerk das Auge belichtet, aber unter Umständen nicht den Film.

HUO: Da zeigt sich die Relativität des Standpunkts.

CS: Genau. Und meine Filme sind solche Umlenkungen. Ich kann auch nicht verstehen, warum der Betrachter immer so schnell sagen kann, wer das Opfer ist. Ich finde es zum Beispiel viel interessanter, zuerst einmal die Position des Täters einzunehmen und dann zu beurteilen, welche Lust, welche Freude er empfunden hat. [...]

HUO: Jetzt machst Du auch verstärkt Hörspiele.

CS: Ich habe drei Hörspiele gemacht. Das erste war *Rocky Dutschke '68*, das zweite *Lager ohne Grenzen*. Das dritte, *Rosebud*, ist die Geschichte der Berliner Republik. *Rosebud* ist die Reaktion auf einen Artikel, den Diedrich Diederichsen vor drei Jahren in „Theater heute" geschrieben hat. Darin behauptete er, ich und viele andere glaubten an die Illusionsmaschine „Berliner Republik" und dächten, sie wären nun am Puls der Zeit. Damit nahm er vorweg, dass die „Berliner Republik" ein unglaublich anmaßender Akt ist. Das war ein toller Artikel, der auch weh tat.

Grundsätzlich stört es mich nicht, dass sich Medien vermengen, da meine Arbeit ja mit der Blickveränderung zu tun hat. Ich habe zum Beispiel *U3000* gemacht. Dabei habe ich drei Stunden U-Bahn-Fahren in die eine und drei Stunden U-Bahn-Fahren in die andere Richtung dokumentiert. Ich habe dafür vier Folgen an einem Wochenende gedreht. Bei solchen Projekten produziert man selbst Drogen. Wir waren stundenlang unter der Erde unterwegs und haben komplett die Orientierung verloren. Meine Arbeit hat immer mit dem Blickwechsel zu tun. Bei meiner Arbeit treffe ich immer wieder auf Lager, die sich in ihrem kleinen Ghetto unglaublich wohlfühlen. Ich springe aber unheimlich gerne über den Zaun. Diederichsen hat einmal über das Phänomen des Paralleluniversums geschrieben. Ich habe die Erfahrung gemacht, wenn man das nicht esoterisch betrachtet, sondern im Hinblick auf den Stern, den man sieht, obwohl er schon verglüht ist, kann man tatsächlich in andere Bereiche vordringen. Die Welt ist asynchron und ich bin atonal. Ich habe gerade jemanden getroffen, der mir sagte, ich müsse jetzt endlich mal ein richtiges Stück à la Reclam-Heftchen inszenieren, sonst sei ich in fünf Jahren ein dekadenter Dekonstrukteur. Der Dekonstrukteur ist aber immer einer, der weiß, was da ist, um es dann kaputt zu hauen. Ich bin noch nicht einmal soweit, sagen zu können, was da ist. Für mich steht das Problem des Chores im Mittelpunkt, die Leute, die singen: „Wir folgen diesem Ideal oder jenem Politiker" oder „Das ist sinnvoll, so wird's gemacht!" Gegen diese Chöre habe ich nichts, die wird es immer geben. Ich habe aber immer atonal gearbeitet, auch wenn manchmal Chöre einstimmen oder das Ganze manchmal mit dem Fis des Universums übereinstimmt.

HUO: Welche Rolle spielt denn das Scheitern für Dich? Cedric Price, der Urbanist, sagte mir, dass es immer schwieriger wird, nützliche oder sinnvolle Fehler zu machen.

CS: Man kann meines Erachtens voller Lust, Freude und Vorsatz scheitern. In meiner Arbeit war das immer ein Scheitern, das durch die Aufhebung von Zielgrade und Zielpunkt, von Raum und Zeit entstanden ist. Wenn man es innerlich schafft, zu akzeptieren, dass es eines Scheiterns bedarf, um Kräfte nutzbar zu machen, wird viel passieren. Aber wenn man es sich ausdrücklich vornimmt und plant, dann ist das ein völliger Irrwitz. Ich glaube, dass man eben genau so nicht denken darf: „Wenn hier in Venedig diese Kirche steht, wenn diese Pfähle hier stehen, wenn darauf Bayreuth folgt, dann hab ich es geschafft, dann hab ich meine Form gefunden!" Ich gehe nicht davon aus, dass weder ich noch sonst wer die ultimative Form finden wird. Auch das Scheitern geschieht mit einer gewissen Lust aus dem Moment heraus, der eben nicht geplant ist. [...] Auch die Station Venedig war nicht planbar. Pfahlsitzen war für mich schon lange ein Thema. Das habe ich 1998 schon einmal in Graz gemacht. Venedig auf seinen 1,2 Millionen Pfählen hat sich quasi aufgedrängt.

HUO: Das Pfahlsitzen ist Teil einer Bewegung, der *Church of Fear*.

CS: Die *Church of Fear* ist eine Bewegung, die am 20. März 2003 von neun Leuten gegründet worden ist. Einer davon bin ich. Ich bin also nicht Jesus, nicht Parteivorsitzender, nicht Papst oder der „Führer", sondern einfaches Mitglied unter anderen.

HUO: Inmitten der Dinge und im Zentrum von nichts?

CS: Genau, ich bin das Etwas von Nichts. Die *Church of Fear* ist für mich auf keinen klar zu definierenden Punkt reduzierbar. Sie ist eine Vereinigung von Terrorgeschädigten, die den politisch, sozial, kulturell auf sie ausgeübten Terror für sich selbst nicht mehr ausschließen. Mitglieder sind keine Leute, die kollektive Bekennerschreiben verschicken, keine Manifestartisten oder Videokünstler. Sie wollen nicht RAF spielen, nicht einmal CDU oder SPD, sondern in absoluter Eigenverantwortung handeln. Es sind Menschen, denen das Glauben misslungen ist; das Glauben an den Kanzler, an die Börse, an Gott. Die sieben Leute, die in den Giardini auf den Pfählen sitzen, haben alle etwas verloren. Ihnen bleibt nur noch der Glaube an sich selbst, deshalb können sie sich auf unseren Pfählen ausstellen. Woran es sich zu glauben lohnt, das kann nur jeder für sich selbst sagen. Oder wer will sich diese Frage freiwillig von Schröder, Merkel, Bush oder sonst wem beantworten lassen? Selbst wenn jemand Atheist ist, gibt es noch genug an Glauben, der misslingen kann. Bei der *Church of Fear* gibt es Stufen bis zum persönlichen Heiligtum; eine Stufe ist das Angstbekenntnis, das Bekenntnis dazu, dass man den Lösungs- und Erlösungsversprechungen der selbsternannten Weltenlenker nicht traut und die Dinge lieber selbst in die Hand nimmt – auch im Wissen um die eigene Unvollkommenheit. Der Hauptslogan lautet „Fear is the Answer", also die Aufforderung, Dinge von einer anderen Seite zu sehen. Man ist nicht mehr darauf aus, der Politik durch Demonstrationen zu begegnen, mal in einer Talkshow seine Meinung zu sagen oder seinem Gegenüber eine Sahnetorte ins Gesicht zu schmieren. Das alles ist heute keine Meinungsäußerung mehr. Nach dem Angstbekenntnis kommt die Beförderung zum Säulenheiligen, der sich wie die Styliten auf einen Pfahl setzt und sich öffentlich, für jeden sichtbar aus der Gesellschaft begibt. Man stellt sich in seinem Außenseitertum aus.

Im Hintergrund hört man Glockenläuten.

HUO: Die *Church of Fear* ist in Venedig an zwei Stellen präsent: durch das Pfahlsitzen in den Giardini und durch die kleine Holzkapelle im Arsenale.

CS: Nach bestandenem Pfahlsitzen ist man „Heiliger der *Church of Fear*". Daraufhin schreibt man sein eigenes Vorhaben auf eine Karte, wie zum Beispiel „Ich werde Herrn X oder Frau Y töten" oder „Ich werde dieses Gebäude in die Luft sprengen" ... Diese Karte schickt man an einen für die *Church of Fear* tätigen Notar in Frankreich, der ihre Ernsthaftigkeit abnimmt. Anschließend bekommt der *Church of Fear*-Heilige eine entsprechende SMS mit der Aufforderung „Go for it!". Die vom Notar beglaubigten Terrorpläne werden in einen Zufallsgenerator eingespeist, der auf asynchronen Berechnungen von Erdumdrehungen beruht. Dieser Zufallsgenerator versendet die SMS, vielleicht morgen, vielleicht erst in zwei Jahren. Damit schalten wir die Sicherheit aus, die uns Politik, Wirtschaft und Kirche so gerne vorgaukeln. Wenn ich meine Tat dann ausgeführt habe, bin ich „Märtyrer der *Church of Fear*".

HUO: Das ist auch interessant im Zusammenhang mit Utopie. In einem Gespräch mit Theodor W. Adorno sagte Ernst Bloch, eine Definition der Utopie sei „something is missing".

CS: Dabei stellt sich die Frage, ob etwas als Element fehlt oder ob es in der Gesamtlandschaft fehlt. Wenn ich mir zum Beispiel den Irak-Krieg anschaue oder andere Ereignisse in den letzen zehn, elf, zwölf Jahren, dann hat immer etwas gefehlt; nämlich, dass ich als Einzelner meine Ängste äußern darf. Gesellschaft kann mit dieser Angst nicht umgehen. Da fehlt etwas.

HUO: Du hast erzählt, dass ein Mitglied Eurer Bewegung auf dem Chicagoer Flughafen fast so etwas wie eine Gesellschaftskrise ausgelöst hat.

CS: Es gibt vier oder fünf Gemeinden der *Church of Fear* in den USA. Ein Gemeindemitglied ist in Chicago in ein Flugzeug gestiegen. Als die Türen geschlossen wurden, hat der Mann die Stewardess gerufen und hat zu ihr gesagt: „Ich habe Angst!" Die Stewardess fragte ihn, warum er denn Angst habe, er solle sich doch bitte beruhigen, die Maschine sei völlig intakt. Er sagte, er habe trotzdem Angst, weil er nicht kontrolliert worden sei, deshalb könne gleich etwas Schlimmes passieren. Die Stewardess ging auf Zehenspitzen ins Cockpit und erzählte dem Piloten, dass ein unkontrollierter Passagier an Bord sei und es werde etwas Grauenhaftes passieren. Der Pilot machte Meldung, der Flug wurde abgesagt und der Flughafen für sechs Stunden gesperrt. Ursache war das einfache Angstbekenntnis eines *Church of Fear*-Mitglieds.

HUO: Also Angst als Waffe?

CS: Angst als Gegenstand, der allgegenwärtig ist und weitergeleitet wird. Die Politik braucht Angst nur, um sagen zu können: „Macht Euch keine Sorgen, wir kümmern uns darum." Dass Angst ein Potenzial ist, das System, das einen verkauft, belügt und verrät, zu bekämpfen, ohne zur Schusswaffe oder zum Demoplakat zu greifen, darüber darf man in der *Church of Fear* reden und handeln. „Ich habe Angst!", in der *Church of Fear* darf man das offen sagen. Und man merkt, dass das Umfeld dabei immer nervöser wird.

HUO: Kann ein Kunstwerk eine Staatskrise auslösen?

CS: Das würde immer noch bedeuten, dass der Staat ein gleichwertiger Partner ist. Kunst ist aber niemals Teil des Staates. Ich glaube, die Gesellschaftskrise ist anstrebenswert. Bei *Chance 2000* musste man zuerst die Partei wählen, um sich selbst zu wählen. Was für ein Zustand! Erst in den letzten zwei Jahren habe ich gemerkt, dass das so nicht funktionieren kann. Die Gesellschaftskrise ist erstrebenswert, das heißt, sie ist ja vorhanden, sie muss aber sichtbar gemacht werden. Eine Staatskrise auslösen heißt, nicht mehr als die Verwaltung anzugraben. Das ändert nichts.

HUO: Bei der Gesellschaftskrise gibt es auch die Unterscheidung zwischen „drinnen" und „draußen" nicht.

CS: Wenn man das immer abgrenzend betrachtet, im Sinne von „hier ist der Staat" und „da bin ich", dann hat man etwas nicht verstanden.

HUO: Kannst Du mir von Deiner Arbeit mit dem Container in Wien erzählen?

CS: In der Presse stand zu lesen, dass ich Österreich vorgeführt hätte. Tatsache aber ist, dass sich der Staat völlig zurückgezogen hat. Der Staatsapparat hat hinter den Türen versucht, das Projekt zu blockieren. Gleichzeitig hat er sich nicht getraut, einzugreifen, weil er auf die Kunst keinen Zugriff hat.

HUO: Die Aktion hieß *Bitte liebt Österreich*.

cs: Genau. Neben der Wiener Oper stand ein Container, in dem zwölf Asylbewerber lebten. Über eine Telefonnummer konnten die Österreicher sie hinauswählen und so aus dem Land werfen. Das wurde jeden Tag praktiziert. Zwei von ihnen mussten täglich gehen. Oben auf dem Container stand ein „Ausländer raus!"-Schild. Die größte Angst hatten die Wiener vor ausländischen Touristen, die den Container fotografierten und irritiert nachfragten, was denn die Aufschrift bedeute. Und das geschah tatsächlich. Doch die Regierung brachte es binnen einer Woche nicht fertig, das Schild abnehmen zu lassen. Egal, was sie machten, es konnte nur falsch sein. Das Schild hängen lassen hieß, die „Ausländer raus!"-Forderung zu billigen; es abzunehmen hieß, einen eigenen, wenn auch subtil geäußerten Wahlkampfslogan der mittlerweile regierenden FPÖ zu demontieren. Die FPÖ hatte das Motto tatsächlich benutzt. Allerdings stehe ich dem Lob darüber, wie ich die Österreicher vorgeführt hätte, skeptisch gegenüber. Andere europäische Staaten machen das genauso. Der schönste Moment war dennoch der, als 3.500 linke Studenten und Demonstranten das Gelände stürmten. Sie hatten das Ganze für eine nicht akzeptable Inszenierung gehalten und fielen aus allen Wolken, als sie feststellen mussten, dass im Container echte Asylbewerber saßen. Das ist auch ein Phänomen von Staat. Der Staat ist Erzeuger von Illusionen. Er sagt: „Ich löse Deine Probleme! Gib mir Deine Angst, ich sorge für Ruhe und für Deine Altersversorgung. Die Behinderten kriegen rollstuhlgerechte Auffahrten usw." Der Friede, der da propagiert wird, ist eine heimtückische Simulation. Dieser Friede ist eigentlich ein Krieg, den es zu bekämpfen gilt. „Frieden dem Krieg und Krieg dem Frieden!" ist auch ein Slogan der *Church of Fear*. In der *Church of Fear*-Kirche im Arsenale sieht man Reliquien und den Beichtstuhl samt Beschneidungsmaske, in die man sein Gesicht stecken muss, um die Monitore zu sehen. Auf den Monitoren sieht man dann die Terrorgeschädigten, die auf den Pfählen in den Giardini sitzen. Das heißt, ich knie mich hin wie zur Beichte, um die Erniedrigten auf ihren Stühlen zu betrachten. Gleichzeitig sitze ich selbst mit darauf.

Die *Church of Fear* wächst. Es wird der Tag kommen, da wird in der Zeitung über einen Anschlag berichtet werden und jemand von der *Church of Fear* wird sagen: „Ich habe das gemacht!" Dann wird die Polizei bei mir vor der Tür stehen und ich werde sagen: „Ich weiß von nichts, ich habe das auch nicht geschürt." Es ist momentan einfach eine grundlegende menschliche Eigenschaft zu sagen: „Ich bin Mitverursacher, ich nehme das jetzt selbst in die Hand. Wenn die Amerikaner keine Massenvernichtungswaffen im Irak finden, dann stelle ich welche her, damit diese Irreführung endlich ein Ende hat." Ich kann sagen, dass ich ein Mitglied bin. Ich kann nicht einmal behaupten, ob ich die Angstkirche in Gänze begreife, ob ich sie richtig verstehe. Aber wer kann schon behaupten, dass er den Koran oder die Bibel richtig versteht? Mein Problem ist, nicht akzeptieren zu können, dass Leute behaupten, sie verstehen alles genau und handeln danach. Das sind dieselben Leute, die ständig Lösungen aus der Schublade ziehen, die immer das Richtige versprechen.

HUO: Es gibt ja auch keine Manifeste zu Deinen Projekten.

cs: Nein, das würde ihnen widersprechen. Ein Projekt, das sich erst in seinem eigenen Verlauf entwickelt, kann man nicht im Vorfeld schon maßregeln und einschränken. Deshalb verstehe ich auch nicht, warum die *Dogma*-Regisseure zehn Regeln brauchen, um freies Filmen zu praktizieren. In der *Church of Fear* gibt es Schriften und Predigten, die sich jeder zu eigen machen kann, wenn er sie für brauchbar hält. Tut er das nicht, ist er aber auf den Weg gebracht, sich eigene Schriften anzulegen, sich selbst zu manifestieren und zu predigen. Das ist viel wünschenswerter. Unter www.church-of-fear.net gibt es zum Beispiel ein Phobiker-Forum, in dem man seine Ängste besprechen kann. Man kann Diözesen, sogenannte *Church of Fear*-Gemeinden, gründen. Man wird über das Internet vernetzt, weil die *Church of Fear* keine Parteizentrale in Berlin oder einen Dom in Köln angemietet hat. Unter www.cof.com.ly unterhält die *Church of Fear* ein Archiv, das sich verstärkt mit dem Auftreten in Venedig befasst. Der Hauptserver steht in Libyen, außerdem gibt es einen in

Deutschland und demnächst auch in den USA. Für mich ist es eine unheimliche Beruhigung, zu sehen, wie sich diese Bewegung weiterentwickelt und ich selbst mich bereits an der Peripherie bewege. Ich finde es gut, dass das erste Pfahlsitzen im Kunstzoo Biennale, hinter dem Zaun, stattfindet. Das zweite Pfahlsitzen der *Church of Fear* findet im September 2003 in der Frankfurter Einkaufszone statt, inmitten der Menschen, die da zufällig vorbeistolpern.

CHURCH OF FEAR'S
ERSTER INTERNATIONALER
PFAHLSITZWETTBEWERB
50. Biennale, Venedig
11.–17. Juni 2003

Präsidentin der *Church of Fear:* Eva Zander

Pfahlsitzer: Cornelia Schubert, Barbara Wüllenweber, Anna Bojadzhiev, Harald Rey, Ramiro de Santiago Marquez, Walter Panthen, Michael Rosen

Idee und Regie: Christoph Schlingensief
Dramaturgie und Texte: Jörg van der Horst
Kamera: Meika Dresenkamp
Grafik: Carmen Brucic
Webdesign: Patrick Hilss
Pressebetreuung: Claudia Kaloff
Künstlerische Mitarbeit Venedig: Hannah Bohle, Sonja Füsti, Heike Schnepf, Monika Böttcher, Caroline Sexauer, Anna Tekampe, Julia Holschneider, Oliver Langewitz, Thaya Schröder
Fotos: Edzard Piltz
Produktionsleitung: Christoph Amshoff, Royal Produktion Berlin
Produktionsassistenz: Anna-Maria Rocca

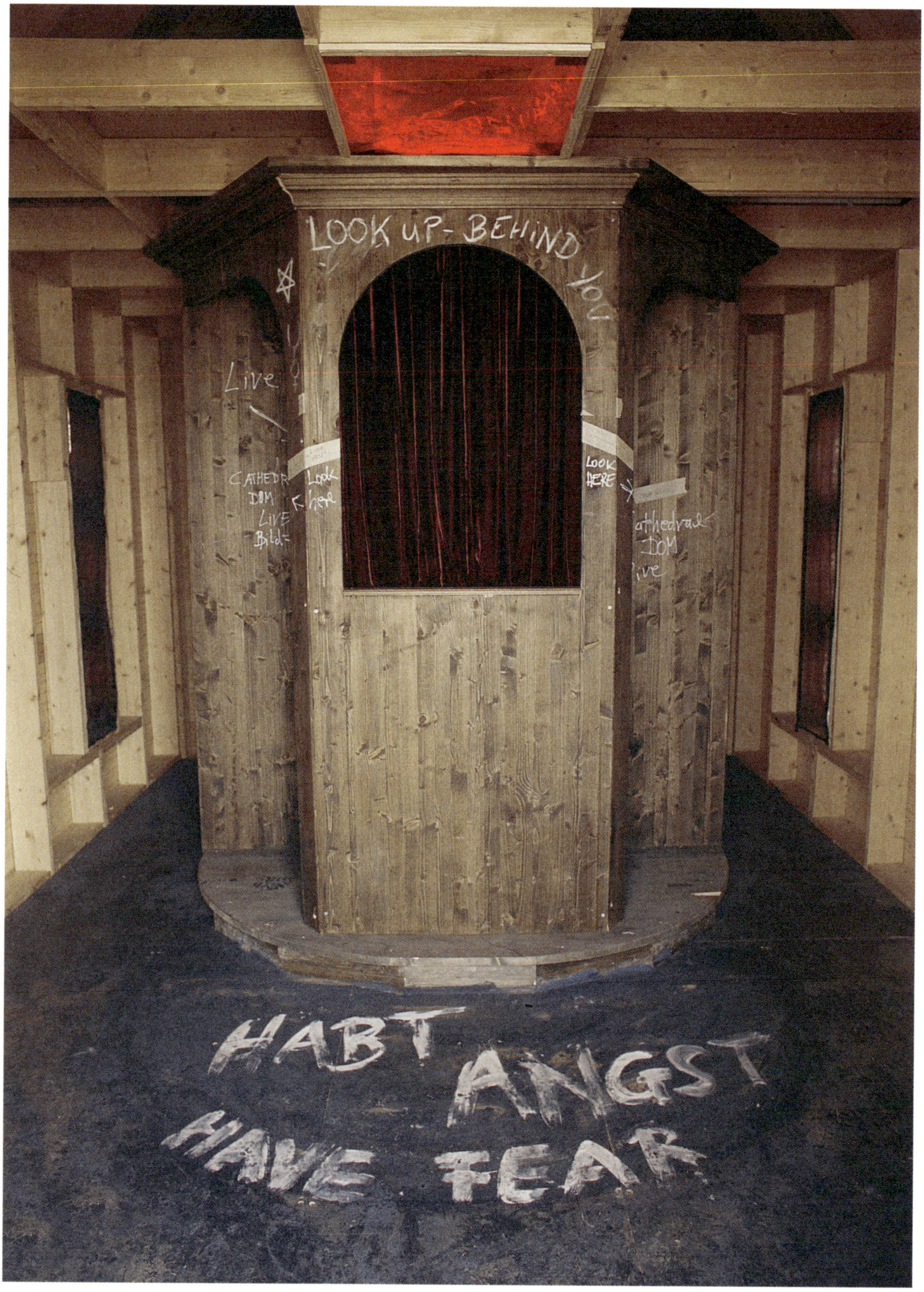
LOOK UP- BEHIND YOU
Live
CATHEDR
DOM
LIVE
Bild
Look here
LOOK HERE
cathedral
DOM
HABT ANGST
HAVE FEAR

"My work always has something to do with a change of perspective"

Christoph Schlingensief interviewed by Hans Ulrich Obrist, on the occasion of the *First International Pole-Sitting Contest* of the *Church of Fear* at the 50th Venice Biennale in 2003 (excerpt)

Hans Ulrich Obrist (HUO): What role does Beuys play for you?

Christoph Schlingensief (CS): Beuys meant a lot to me. My father was a member of the Lions Club, which organized an annual meeting of artists. Early in 1976, Beuys was invited to the Saalbau, a centre of public halls, in Essen. Beuys sat on the stage and talked about something I didn't understand. But I found the sing-song of his voice fascinating. The gentlemen from the Lions Club fell asleep one after the other. Suddenly Beuys said, "And I say to you that within seven years this social system will be destroyed". Then they all woke up, sat up and barked like dogs, "What's he talking about? Social system destroyed? What nonsense is that?" Three years ago I asked my father whether he still remembered this evening. He said, "Yes, I remember. I wrote it down in my diary and kept it for seven years. But it did not happen. Beuys was wrong". I then drew his attention to the fact that Beuys was perhaps wrong, but that Beuys had preoccupied him for seven years with the thought, and also with the fear, that the system could collapse. And I think that's a great thing. This encounter with Beuys left a lasting impression on me. One simply stands within the social sculpture. That is what is exciting and interesting about it. I approach a conventional sculptural work and ponder, "What is the artist trying to tell me?", take a step back, and fall over the stool behind me. The stool is closer to me than the sculpture ...

HUO: With regard to party activity there are also parallels with your *Chance 2000*.

CS: When we were collecting signatures in Cologne in 1998, Beuys' student, Johannes Stüttgen, came up to us and said surprised, "'Vote for yourself!'? That's our slogan, the Beuys slogan". At first I didn't believe it and asked him about it more closely. Stüttgen explained to us the situation at that time and it turned out that one can have the same feelings at different times. That sounds simple, but it is very interesting. Thus their statement was identical with ours, a timeless call. I therefore think that one can use it a second or a third time, that one can use things also on the basis of a total misunderstanding. That is something that politics does not permit at all. One can also take up things and understand them wrongly, namely, how one wants to understand them for oneself. But then, what does 'wrong' mean? The founder of a party can say, for instance, "That is our approach, but it has now been wrongly understood". Politics reacts to this by bending its programs so much that finally it is no longer clear who is representing what. There is definitely a lot of thinking going on here which is stuffed into schemata for solutions, but no action is taken. The ability to act is totally unimportant. That one can use Beuys, is allowed to use him properly or even terribly, that is what I find so good about Beuys. [...]

HUO: Is Rainer Werner Fassbinder an inspiring figure for you? If so, when has Fassbinder had an influence on you?

CS: That began in the early 1970s. In Oberhausen there is a short film festival. When I was twelve years old, I went to films that I found completely boring, films about demonstrations in the Eastern bloc and the fates of workers. There were lots of film critics from East and West. So it was a meeting of committed left thought. The meetings were always staged in such a way that they got stuck at the first bread roll of the banquet. People then spoke about these 'wonderful films' which in truth were completely unimportant. Nevertheless I was often there and I always asked myself why these people descended upon Oberhausen so pseudo-actively. The meeting did not have any energetic charge. Highfalutin discussions were organized at which, however, people only collectively buried themselves. The short film festival was for me a kind of initial spark concerning film. But it was never fascinating. At some time or other I saw *Ali: Fear Eats the Soul* and *Satan's Brew*. Those were films I thought were great. There was something different in them. I stumbled across the 'Fassbinder system' in 1986 during the Berlinale Film Festival, which was four years after his death. My film, *Menu Total*, was showing at the Delphi Film Palace and was not well received. Wim Wenders left after ten minutes, and then more people left. At the end there were still 400 people there and there was a fight in the audience. My father came into the foyer and cried openly, "I never thought that you would make a film like that!" His sister, my aunt, however, thought the film was great. Then Udo Kier, who had worked together with Fassbinder, came up to me, took my hand and said, "I saw your film and thought it was very funny". That was a good beginning. My teacher, Werner Nekes, said it was a Fascist film.

HUO: Was Werner Nekes your teacher directly or only indirectly?

CS: Directly. I got to know him in 1980 and was his assistant for three years. In this way I became a part of his family and went with him everywhere for three years. He 'ruined' me in the sense that he made experimental films, but I really wanted to make mainstream films. Nekes was very interested in the historical development of film and always explained to me that it was only the inertia of our nerves which made it possible to see films. That was his approach through which I got to know the medium of film in a completely different way. Through Udo Kier I got to know Margit Carstensen, Volker Spengler, Juliane Lorenz and Irm Hermann. In this way, Fassbinder got closer and closer to me. I saw Fassbinder himself in 1980 for a fraction of a second in a studio in Munich where he was making *Lilli Marleen*. For me he is important because with *Ali: Fear Eats the Soul* he made a film in which a foreigner has a relationship with an old woman. With this he undermined the self-confidence of the Germans and of German film, both of which wanted to be as glamorous as Hollywood. Their films dealt not with present-day Germany, but with the Second World War, and they had only one message: We're not so bad after all! But Fassbinder's films caused a stir abroad. He could make space and time blur. Thus, he was already making a new film while another was just being shown. The gaze of the critics was diverted from the past to the present. This mirroring had the effect that many critics revised their superficial judgements.

HUO: Can you explain this mirroring more precisely?

CS: People think that they would stage a play, and then another one and slowly something resembling a house would come about. I don't understand that even with respect to theatre because that is not what it is about. That simply cannot be everything. I think that these mechanisms of viewing are false. I find the mirroring and diversions very interesting. With regard to my staging of *Parsifal* I proposed that the gaze be directed toward Parsifal, "the pure fool", from the universe. One cannot treat the figures exclusively from the viewpoint of what earthly problems they have. There is also a universal, an astronomical viewpoint in which persons are understood as stars and investigated accordingly. Here, too, what interests me is the charge generated by a certain perspective, a certain viewing angle. I am interested in allowing the viewers to become part of the illusion in order at the same time to send them back to reality. In the traditional constellation with the viewer on the outside, the question is posed for me whether the viewer can really judge things. I say, no. From a distance, the viewer has no chance at all of understanding. I can explain this with a story about the filming of *Dr. Faustus* by Edgar Reitz, for whom I worked as a camera assistant. An artificial tree was constructed next to which Leverkühn stands and which is struck by the devil's lightning. We filmed this scene with three cameras. Each of the three camera-men – a Czech camera-man, the second camera-man and myself – filmed the scene. The first two camera-men said afterwards that they had seen the lightning and that it was definitely on film. By contrast, I hadn't seen anything. When the developed film material came back from the copy room, the lightning was only to be seen on my film, but not on that of the two other camera-men. The reason for this is that the planetary gear illuminates the eye, but perhaps not the film.

HUO: The relativity of the standpoint becomes apparent.

CS: Precisely. And my films are such diversions. I also cannot understand why the viewer can always say so quickly who the victim is. For instance, I find it much more interesting first to assume the position of the perpetrator and then to judge what pleasure, what joy he felt. [...]

HUO: Now you are making more radio plays.

CS: I have made three radio plays. The first was *Rocky Dutschke '68*, the second *Lager ohne Grenzen (Camp without Borders)*. The third, *Rosebud*, is the story of the Berlin Republic. *Rosebud* is a reaction to an article written by Diedrich Diederichsen three years ago in 'Theater heute'. In it he asserts that I and many others believed in the illusory machine called the 'Berlin Republic' and thought that they were in touch with the times. With this he anticipated that the 'Berlin Republic' is an incredibly arrogant act. That was a great article which also hurt.

Basically it does not disturb me that media mix together, because my work has to do with changing the perspective. For instance, I made *U3000*. I documented three hours' riding on the underground in one direction and three hours' riding the underground in the opposite direction. For this I filmed four episodes on one weekend. With such projects you yourself produce drugs. We were travelling beneath the earth for hours on end and completely lost our orientation. My work always has something to do with a change of perspective. In my work, every now and again I come across camps which feel incredibly self-contented in their small ghetto. But I just love to jump over the fence. Diederichsen once wrote about the phenomenon of the parallel universe. I have experienced, if one does not view it esoterically, but with regard to the star that can be seen, although it has already burnt out, that I can really enter into other zones. The world is asynchronous and I am atonal. I just met somebody who said to me that I really must stage a real play like a standard literary text, otherwise, in five years I would be a decadent deconstructor. The deconstructor, however, is always someone who knows what is there in order then to smash it. I have not even got as far as being able to say what is there. For me the problem of the choir is at the centre, the people who sing, "We are following this ideal or that politician," or, "That's sensible, let's do it". I don't have anything against these choirs. They will always be there. I have always worked atonally, even when sometimes choirs join in or the whole thing sometimes resonates with the F# of the universe.

HUO: What role does failure play for you? Cedric Price, the urbanist, said to me that it is getting increasingly difficult to make useful or sensible mistakes.

CS: In my view, you can fail with complete pleasure, joy, and intentionally. My work has always been a failure which came about by doing away with home stretches and destinations, space and time. If you manage to accept inside that this failure is necessary to make powers usable, a lot will happen. But if you expressly undertake to do something and plan it, that is sheer madness. I think that one must not think, "Once this church has been erected in Venice, once these poles are standing here, if Bayreuth follows, then I've made it, then I've found my form!" I do

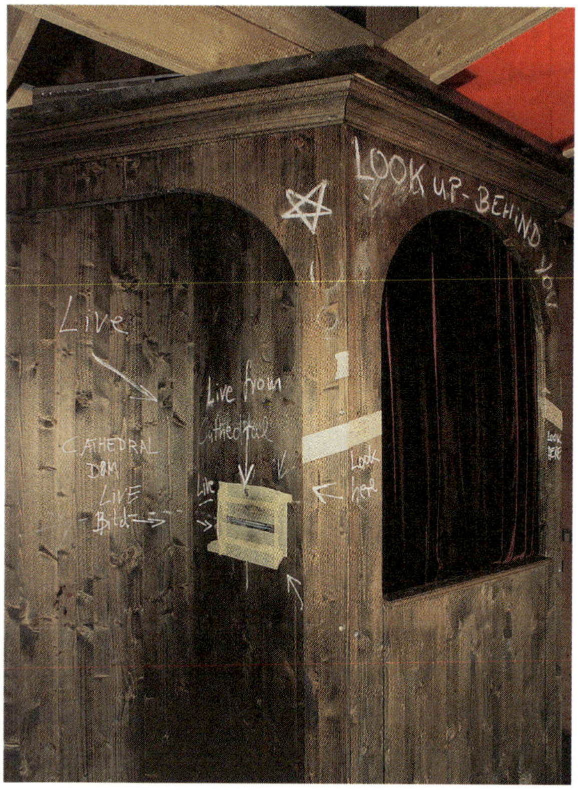

not proceed on the assumption that I or anyone else will find the ultimate form. Failure, too, takes place with a certain pleasure in the moment which is precisely not planned. [...] The stopover in Venice, too, could not have been planned. Pole-sitting had been a topic for me for a long time. I already did it once in Graz in 1998. Venice on its 1.2 million poles more or less forced itself upon me.

HUO: Pole-sitting is part of a movement, the *Church of Fear*.

CS: The *Church of Fear* is a movement founded on 20 March 2003 by nine persons, of whom I am one. So I am not Jesus, not party chairman, not the Pope or the 'Führer', but simply one member among others.

HUO: In the midst of things and at the centre of nothing?

CS: Precisely, I am the something of nothing. For me, the *Church of Fear* cannot be reduced to any clearly defined point. It is an association of those damaged by terror who no longer exclude for themselves the terror exercised politically, socially, culturally against them. The members are not people who send collective letters claiming responsibility, artists composing manifestos or video artists. They do not want to play Red Army Faction, not even Christian Democratic Union or Social Democratic Party, but act entirely on their own responsibility. They are people who have not succeeded in believing – in the Chancellor, the stock exchange, God. The seven persons who sit on the poles in the Giardini have all lost something. All that remains for them is faith in oneself. Therefore, they can exhibit themselves on our poles. What is worth believing in can only be decided individually by each person. Or who, of their own free will, wants to allow this question to be answered by Schröder, Merkel, Bush or anyone else? Even if someone is an atheist, there is still enough faith that can fail. In the *Church of Fear* there are stages up to personal sainthood. One stage is the confession of fear, the confession that one has no faith in the promises of solutions and salvation made by the self-appointed leaders of the world and instead, one wants to take matters into one's own hands, even with the awareness of one's own imperfection. The main slogan is, "Fear is the Answer," that is, the call to see things from another perspective. One is no longer concerned with countering politics with demonstrations or saying one's opinion in a talk show or rubbing a cream cake into someone else's face. All that today is no longer an expression of opinion. After the confession of fear comes the promotion to stylite, who sits on a pole like the stylites and publicly displays himself or herself to everybody in society. You exhibit yourself in your outsider status.

In the background chiming bells can be heard.

HUO: The *Church of Fear* is represented in Venice in two places: by the pole-sitting in the Giardini and by the small wooden chapel in Arsenale.

CS: After successful pole-sitting, one has become a 'Saint of the *Church of Fear*'. After that, you write down your own projects on a card, such as, "I will kill Mr X or Mrs Y," or "I will blow up this building" ... You send this card to a public notary in France acting for the *Church of Fear* who certifies its seriousness. The *Church of Fear* saint then receives an SMS with the call, "Go for it!". The terror plans certified by the notary are fed into a random generator based on asynchronous calculations of the Earth's rotation. This random generator sends the SMS, perhaps tomorrow, perhaps in two years' time. With this we cut out the security with which politics, business and church like to delude us. When I have then carried out my deed, I have become a 'Martyr of the *Church of Fear*'.

HUO: That is also interesting in connection with Utopia. In an interview with Theodor W. Adorno, Ernst Bloch said the definition of Utopia is that "something is missing".

CS: With this the question is posed whether something is missing as an element or whether it is missing entirely in the overall context. If, for example, I look at the war in Iraq or other events over the past ten, eleven or twelve years, then something has always been missing, namely, that I as an individual was allowed to express my fear. Society cannot cope with this fear. Something is missing.

HUO: You once said that a member of your movement triggered something resembling a social crisis at Chicago airport.

CS: There are four or five communities or congregations of the *Church of Fear* in the United States. One member boarded an aeroplane in Chicago. After the doors were closed, the man called the stewardess and said to her, "I'm scared!". The stewardess then asked him why he was scared and told him to please calm down because the aircraft was completely in order. He said that he was scared nevertheless because he had not been checked and therefore something terrible could happen. The stewardess went on tiptoe to the cockpit and told the pilot that there was an uncontrollable passenger on board and that something terrible was about to happen. The pilot reported this. The flight was cancelled and the airport was closed down for six hours. The cause was the simple confession of fear by a member of the *Church of Fear*.

HUO: So fear is a weapon?

CS: Fear is an object that is omnipresent and transmitted. Politics only needs fear to be able to say, "Don't worry, we'll look after it". That fear is a potential to fight, without arms or employing demonstration posters, against the system that sells, cheats and betrays – this can be talked about and acted upon in the *Church of Fear*. "I'm afraid!" – that can be said openly in the *Church of Fear*. And it is noticeable that the social surroundings are becoming more and more nervous when people say that.

HUO: Can an art work trigger a crisis of the state?

CS: That would mean that the state is still an equal partner. But art is never part of the state. I believe that a social crisis is worth aiming for. In *Chance 2000*, one had to first vote for the party to vote for oneself. What a state of affairs! Only in the last two years have I noticed that that cannot work. A social crisis is worth aiming for, that means, it is present, but it has to be made visible. To trigger a crisis of state means nothing more than to undermine the administration. That changes nothing.

HUO: In a social crisis there is also no distinction between 'inside' and 'outside'.

CS: If you look at this always with clear demarcations, in the sense of, "here is the state and there am I", then you have failed to comprehend something.

HUO: Can you tell me something about your work with the container in Vienna?

CS: In the press you could read that I had presented Austria. The fact is, however, that the state had completely withdrawn. Behind closed doors the state apparatus tried to block the project. At the same time it hesitated to intervene because it does not have any grip on art.

HUO: The project was called *Please Love Austria*.

CS: Exactly. Next to the Vienna Opera there was a container in which twelve applicants for political asylum lived. Via a telephone number the Austrians could vote on them and thus throw them out of the country. That was practised every day. Two of them had to go daily. On the top of the container there was a sign with "Foreigners go home!". The Viennese were most afraid of foreign tourists who took photos of the container and asked with consternation what the sign was supposed to mean. And that actually happened. But the government did not manage within a week to have the sign removed. No matter what they did, it could only be the wrong move. To leave the sign hanging meant to approve of the demand, "Foreigners go home!"; to take it down meant to undermine a subtly expressed election campaign slogan of the Austrian Freedom Party (FPÖ), which is now in government. The party had really used the slogan. However, I am sceptical about the praise of how I had presented the Austrians. Other European countries do precisely the same thing. The finest moment, however, was when three and a half thousand left students and demonstrators stormed the grounds. They thought that the whole thing was an inacceptable staging and were totally surprised to find out that there were genuine applicants for political refugee status in the container. That is also a phenomenon of the state. The state is a generator of illusions. It says, "I'll solve your problems! Give me your fear. I'll look after order and your old age pension. The disabled will get entrances suitable for wheelchairs, etc". The peace that is propagated there is an insidious simulation. This peace is really a war which has to be fought against. "Peace to war and war to peace!" is also a slogan of the *Church of Fear*. In the *Church of Fear* in Arsenale you can see relics and the confession booth complete with circumcision mask into which you have to put your face to see the monitors. On the monitors you then see people damaged by terror sitting on the poles in the Giardini. That means that I kneel down as if to confess in order to view the humbled sitting on their chairs. At the same time, I am also sitting on one. The *Church of Fear* is growing. There will come a day when there will be a report in the newspaper about an attack and someone from the *Church of Fear* will say, "I did that!". Then the police will come to my door and I will say, "I know nothing about it. I also did not incite it". At the moment it is simply a fundamental human quality to say, "I am also responsible; now I will take it into my own hands. If the Americans do not find any weapons of mass destruction in Iraq, then I will make some so that this deception finally comes to an end". I can say that I am a member. I cannot even say whether I understand the *Church of Fear* as a whole, whether I understand it correctly. But who could say that he understood the Qur'an or the Bible correctly? My problem is not being able to accept that people maintain that they understood everything precisely and acted accordingly. They are the same people who constantly pull solutions out of the drawer which always promise what is the correct solution.

HUO: There are also no manifestos for your projects.

CS: No, that would contradict them. A project that only develops in the course of its own unfolding cannot be regulated and restricted already at the start. Therefore I also do not understand why the directors of *Dogma* need ten rules to practise free film-making. In the *Church of Fear* there are scriptures and sermons which anybody can adopt if they think they are useful. If they do not do this, however, they have been coaxed onto the path of making their own scriptures, of manifesting themselves and preaching themselves. That is much more desirable. At www.church-of-fear.net, for instance, there is a forum for sufferers of phobias where you can talk about your fears. You can found dioceses, so-called communities or congregations of the *Church of Fear*. You are networked via the internet because the *Church of Fear* has not leased a party headquarters in Berlin or a cathedral in Cologne. At www.cof.com.ly the *Church of Fear* has an archive which engages intensively with the performance in Venice. The main server is located in Libya. Apart from that there is also one in Germany and soon there will be one in the United States. For me it is enormously calming to see how this movement is developing further and I myself am already on the periphery. I think it is a good thing that the first pole-sitting is taking place at the art zoo, the Venice Biennale, behind the fence. The second Pole-Sitting of the *Church of Fear* will take place in the Frankfurt pedestrian zone in 2003, in the midst of people who happen to come by.

THE CHURCH OF FEAR'S
FIRST INTERNATIONAL
POLE-SITTING CONTEST
50th Venice Biennale
11 – 17 June 2003

President of the *Church of Fear:* Eva Zander

Pole-sitters: Cornelia Schubert, Barbara Wüllenweber, Anna Bojadzhiev, Harald Rey, Ramiro de Santiago Marquez, Walter Panthen, Michael Rosen

Idea and director: Christoph Schlingensief
Dramaturgy and texts: Jörg van der Horst
Graphics: Carmen Brucic
Web design: Patrick Hilss
Press relations: Claudia Kaloff
Artistic collaboration Venice: Hannah Bohle, Sonja Füsti, Heike Schnepf, Monika Böttcher, Caroline Sexauer, Anna Tekampe, Julia Holschneider, Oliver Langewitz, Thaya Schröder
Photos: Edzard Piltz
Director of production: Christoph Amshoff, Royal Produktion Berlin
Production assistant: Anna-Maria Rocca

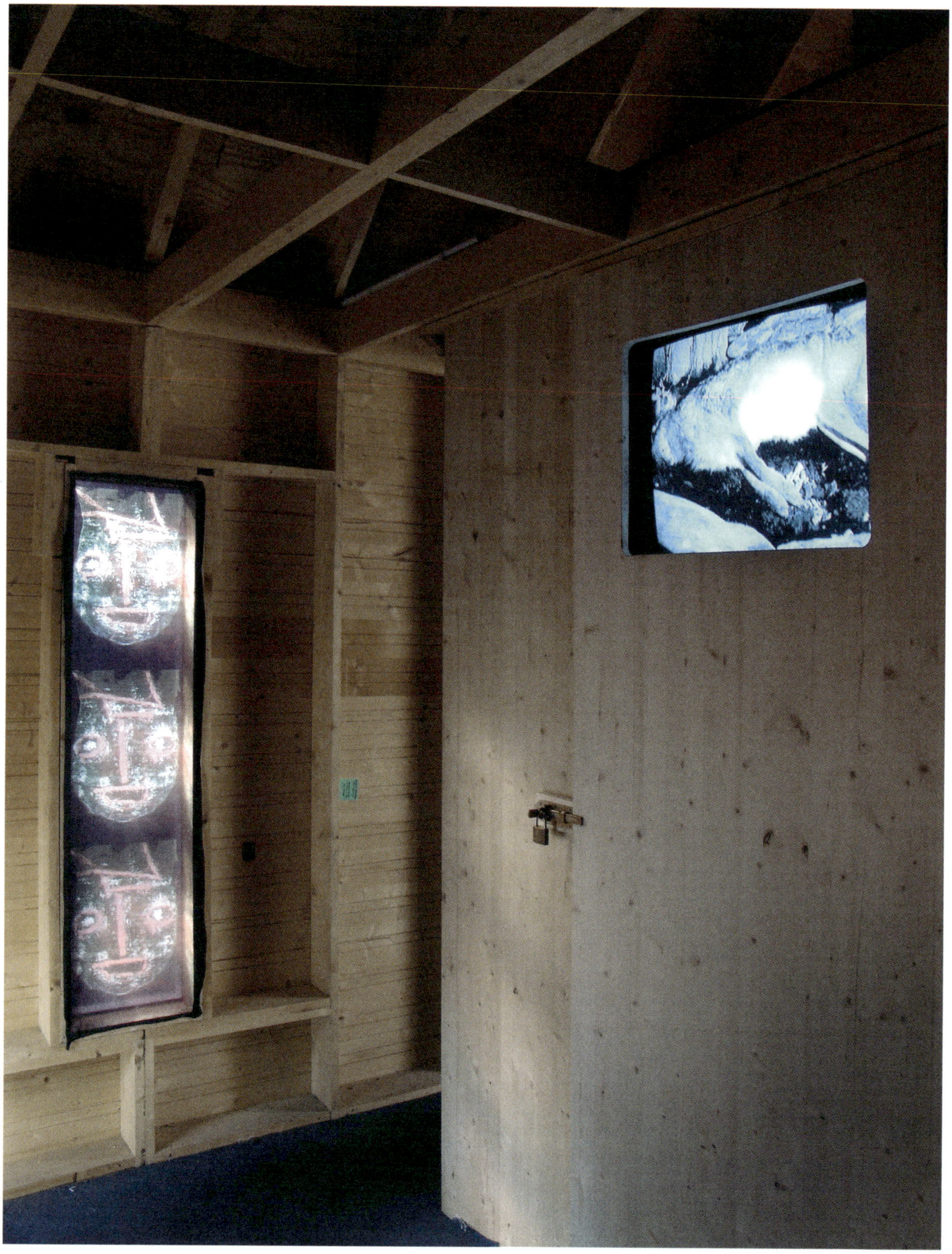

„Nur ein Pinselstrich ...“

Christoph Schlingensief im Gespräch mit Alice Koegel, aus Anlass der Ausstellung *Church of Fear* im Museum Ludwig, Köln, vom 29. Juli bis 30. Oktober 2005

Alice Koegel (AK): Ort des Auftakts der *Church of Fear* war eines *der* Zentren des Kunstbetriebs: die Biennale in Venedig. Was – anders als an Ihren anderen Aktionsfeldern Film, Theater, Fernsehen – reizt Sie am Kunstbetrieb?

Christoph Schlingensief (CS): Der Gründungsakt der *Church of Fear* war ein privater. Gespräche mit Boris Groys und Alexander Kluge über die Angst und über die Instrumentalisierung von Angst haben ihre Gründung vorbereitet. Während meiner Gastprofessur an der Hochschule für Gestaltung Karlsruhe habe ich das Projekt dort eingebracht und angefangen, weiter darüber nachzudenken. Hinzu kamen Sentimentalitäten: Während meiner Aktion *Bitte liebt Österreich – Erste österreichische Koalitionswoche* in Wien im Juni 2000 konnten die Leute aktiv mitmachen. Die Aktion bedeutete aber auch eine gewisse Qual. Sie hatte sich so weit verselbständigt, dass ich und andere gewissermaßen zu Freiwild erklärt wurden – für die Medien, für die lokale Politik, für die Polizei ... Im Anschluss daran kam mir die Idee, ein Pfahlsitzen zu machen, wie ich es schon einmal 1998 mit Obdachlosen in Graz veranstaltet hatte. Sie hockten nicht mehr als Erniedrigte mit ihren Sammelbüchsen am Boden, sondern saßen auf Pfählen, hoch über allen anderen. Jeden Abend um 17 Uhr habe ich von einem Hubsteiger aus 7.000 Schilling, also rund 1.000 Mark, in 20-Schilling-Scheinen über ihnen abgeworfen. Am ersten Tag wurde nur gefragt, was der Quatsch soll. Am dritten Tag gab es auf der Straße schon Schlägereien um die 20-Schilling-Scheine. Ein wunderbares Bild: Der Erniedrigte saß plötzlich oben und schaute sich an, wie die Leute mit marktwirtschaftlichen Interessen um 20-Schilling-Scheine kämpften. Das blieb mir im Kopf. Wir haben dort auch Fluxus-Messen gefeiert, das Ganze war also auch religiös aufgeladen. Bis zur Umsetzung des neuerlichen Pfahlsitzens als eine Art sportlicher Wettbewerb vergingen noch ein paar Jahre, dann kam die Einladung zur Biennale nach Venedig. Ich habe mich natürlich gefreut und gedacht, prima, da gehen wir hin. Wir waren schon auf der documenta X und mit *Chance 2000* bei der Berlin Biennale, also auf Gebieten, die ich immer latent spannend fand, weil ich bei Joseph Beuys oder Dieter Roth sehr viele Bezugsfelder für mich entdeckt habe. Am liebsten hätten wir den Pfahlsitzwettbewerb in Venedig mitten in der Stadt gemacht, was aber die Stadtverwaltung blockierte mit der Begründung, dass es zu gefährlich sei und Touristen und Terroristen dort nicht voneinander zu unterscheiden wären. Dann gab es für uns einen Platz im Garten des Arsenale. Zuerst hatte ich vor, dort ein Zelt aufzubauen, mit einer Live-Übertragung vom Pfahlsitzwettbewerb aus der Innenstadt. Es gab aber kein Geld dafür. Als ich durch den noch ganz leeren Garten im Arsenale ging, wo gerade umgegraben wurde, Glocken läuteten und ich hinter der Mauer eine Kirche sah, kam mir die Idee, dass dort der richtige Ort wäre, ein Kirchengebäude zu bauen. Dann haben wir uns gefragt: Machen wir dort eine katholische Kirche auf oder eine Baptistenhütte? In der Gründungsphase der *Church of Fear* war das gar nicht angedacht. Es war der Zusammenschluss aller sich ängstigenden Menschen. Es ging um

Religion als Fläche der Angst, als Fläche, die aus Angst entsteht, als Angstwerkzeug. Die Galerie Hauser & Wirth hat das Projekt unterstützt und plötzlich hat es sich verselbständigt. Wir haben überlegt, wie die Kirche aussehen soll, haben Skizzen gemacht. Ich habe Fotos aus dem Internet geholt, habe aber auch selbst zwei, drei Kirchen fotografiert, unter anderem eine völlig kaputte Hütte, die ich auf einem Plakat auf dem Frankfurter Flughafen gesehen hatte. Auf dem Plakat stand: „Dies ist eine Ihrer Filialen, die Sie jährlich mitfinanzieren". Es war eine Kampagne einer dieser Firmen, die immer kommen, bevor Firmen Pleite gehen, um dann erst einmal tausend Leute zu entlassen. Aber auch die Berufung zu den Festspielen nach Bayreuth und die innere Auftankung dadurch, sich mit Mitleid, Erlösung und Gralstum beschäftigen zu müssen, hat eine Rolle für die Entwicklung des Projekts der *Church of Fear* gespielt. Es gab viele seltsame Querverbindungen, aber ohne Verkrampfung. Mir macht das immer Spaß. Ich nutze auch gerne das Internet, weil sich damit ein Forum bilden lässt. Wir haben im Internet Voodoo- und Heiratskirchen abgeklappert und auch eine rein virtuelle Kirche gefunden, in der man sich mit einem Zertifikat direkt zum Priester ernennen lassen konnte. Es gibt da einen riesigen Markt. Ich habe auch schon immer Sektenvideos gesammelt, etwa in Afrika von der IPCC, der International Pentecostal Church of Christ. Natürlich spielte auch der 11. September eine Rolle, der Unglaube, dass dreieinhalbtausend Menschen dort der Anlass sein sollen, hier permanent in Angst und Schrecken zu verfallen – bei aller Katastrophe, die dort stattgefunden hatte. In der Endphase kam ein Anruf von Biennale-Direktor Francesco Bonami, der die Pfähle an den Eingang der Giardini platzieren wollte, dort, wo die Länderpavillons stehen. Das war für mich ein Krisentag, weil ich es einerseits toll fand, dass er uns ins Zentrum, nach vorne rückte. Das Terrain ist ein Tabernakel für sich, an dem die Kuratoren ganz dick ins Geschäft kommen, so dass man da stören kann. Andererseits wollte ich eben nicht stören, sondern einfach nur die Sitzsituation, die in die Kirche übertragen wird. Diese beiden Situationen ‚Pfahlsitzen' und ‚Holzkirche', Alpha und Omega, gehören zusammen. Viele Leute haben kommentiert, dass ich im Kunstraum bin und ich habe gleich gesagt: „Ja, ich bin im Kunstzoo. Jetzt kann man mich hinter Gitterstäben angucken." Ich habe ein großes Bedürfnis, mich von offensichtlichen Kontexten zu lösen. Strategisch überlegen, wie man Sachen anzündelt, kann ich ganz gut, aber das war überhaupt nicht mehr das Thema. Das Ziel der *Church of Fear* ist ja das Bekenntnis zur Angst, die Angst nach vorne zu stellen. Jetzt standen wir mit der Kirche im Kunstzoo. Der Kunstraum interessiert mich schon deshalb sehr, weil auch er sich fast wie eine Sekte gebärdet. Er ist mir auch deshalb sympathisch, weil in ihm unterschiedliche Frickler agieren, die mit irgendeinem Mist versuchen, sich selbst zu beruhigen oder in Szene zu setzen, und die wiederum auf Leute treffen, die wie die zwölf Apostel ausströmen und der Welt verkünden: „Wir haben einen neuen Heiligen gefunden!" Einige von ihnen stehen dann vor riesigen Installationen und fragen: „Was kriege ich für das Knöchelchen?" oder „Was muss ich für das Knöchelchen zahlen?". Das ist ein schönes Bild, in dem ich mich wirklich frei fühle. Die *Church of Fear*-Holzkirche im Kunstraum, auf der Biennale oder im Museum Ludwig, ist für mich aber auch interessant, weil sie sich vor Ort durch äußere Umstände und Bilderwelten aufgeladen hat, die ich nicht korrigieren konnte. Sie ist letzten Endes ein Modell, in das ich mich hineinbegebe. Sie ist keine richtige Kathedrale, sieht aber ein bisschen so aus. Da greifen ein Erinnerungsmechanismus und gleichzeitig ein Belebungsmechanismus.

AK: Es gab also das Angebot ohne Notwendigkeit für Sie, den Kunstraum zu nutzen.

CS: Ja, der Kunstraum war für mich nicht zwingend, sondern nur eine Fläche. Venedig als Stadt voller Kirchen war natürlich wunderbar. Im Anschluss an die Biennale habe ich auf meiner Reise nach Nepal andere Götterwelten kennen gelernt. Natürlich spielt es auch eine Rolle, wo man einen Sponsor oder Mäzen findet, der einem einfach sagt: „Hier ist das Geld, pack die Kirche ein, fahr nach Bhaktapur, stell sie auf den Marktplatz und lass mal vier Wochen den Muezzin rufen. Nachher gucken wir uns an, wie sie dann aussieht." Es wäre Reis drin, Leute würden Glöckchen angebracht haben. Wahrscheinlich hätte jemand rote Farbe dagegen geschleudert oder vielleicht nachts Reisschnaps dagegen gekotzt. Natürlich wären solche Voraussetzungen traumhaft. Ich wäre gerne Millionär, aber nicht, damit ich in meiner Yacht um die Welt segele, sondern um Transportunternehmen und ein Team zu beauftragen, die Dinge irgendwohin zu schleppen, um anschliessend zu sehen, wie sie dort funktionieren. Eigentlich komme ich mir vor wie ein Forscher. Ich bräuchte nur einmal im Lotto zu gewinnen, dann flögen die Helikopter mit den Kirchen nur so durch die Gegend und die *Animatographen* stünden in Bangladesch oder auf *Ground Zero* und wir schauten, was passiert.

AK: Stichwort Expedition: Von der Biennale aus ist die *Church of Fear*, die als Konstruktion im Kunst- und Medienraum geplant war, bewusst auf die Straße gegangen. Warum dann die befristeten Rückholaktionen in den Kulturbetrieb – ins Frankfurter Bockenheimer Depot, ins Wiener Burgtheater und ins Schauspielhaus Zürich?

CS: Das Bockenheimer Depot war ein Fehler, wir hätten sofort an die Hauptwache gehen müssen, wo anschließend das Pfahlsitzen stattfand. Frankfurt ist deshalb aber auch sehr interessant. Das war tatsächlich der Moment, zu dem ich nur durch pseudoreligiöse Gedanken und durch Voodoo gekommen bin. Man hat mir im Leben schon so manchen Glauben zerstört. Ich meine nicht nur den Katholizismus, sondern Eigenarten in meinem Leben, die ich natürlich auch selbst zerstört habe. Deshalb baue ich mir die Sachen selbst zusammen und verlasse mich nicht mehr darauf, dass mir jemand erklärt, wie alles funktioniert. Andererseits bin ich immer daran interessiert, Leute zu treffen, die Erklärungen abgeben, die mir erst einmal nicht ganz klar vorkommen, die aber eben nicht apodiktisch sind. Ins Bockenheimer Depot zu gehen war der Versuch, direkt an die Angst anzuknüpfen, die mir etwa 1998 bei *Chance 2000* abhanden gekommen war und die ich erst auf meiner anschließenden Reise in die Wüste von Namibia, nach Simbabwe, Sambia und Südafrika wiedergefunden habe. Da lag ich nachts im Bett und war schweißnass, weil ich Angst vor Schlangen und Insekten hatte. Plötzlich war dort keine Angst mehr vor der Regierung, vor Mutter oder vor einer missratenen Premiere, sondern vor einem Insekt mit einem kleinen Stachel, das mir einfach in den Fuß sticht. Es waren grundlegende, ganz wichtige Angstmechanismen. Meine Lehre daraus war, verdammt noch mal die Hektik zu vermeiden, die Dinge einfach geschehen zu lassen und zu gucken, wie sie sich entwickeln. Mit der *Church of Fear* sind wir dann also von der Kölner Domplatte in Richtung Bockenheimer Depot nach Frankfurt gewandert. In Köln waren vielleicht 15 oder 20 Menschen da. Unser Team bestand aus zehn Leuten. Von den etwa 15 oder 20 anderen Menschen sind sieben gleich wieder nach Hause gegangen, weil sie dachten, die Prozession sei ein Ulk, wir brächen vielleicht ein Stückchen Stein aus dem Dom und führen dann im ICE nach Frankfurt. Keine Ahnung, was die sich vorgestellt haben. Ich habe einfach nur einen Bollerwagen hinter mir hergezogen. Zugegeben, ich habe mir damals selbst Optimismus vorgespielt, frei nach dem Motto: „Ist doch prima, wenn keiner mitkommt. Wir machen das ja sowieso nur für uns." Aber in mir rumorte immer noch der alte Schlingensief, der sagte: „Toll! Die Domplatte war ja rappelvoll. Und alles nur wegen uns!" Am Rhein entlang sind wir dann losmarschiert. Die Wanderung mit dem Bollerwagen, bei der der Körper langsam müde wird, war einfach grandios und eine Reinigung. Immer weiter, Berg rauf, Berg runter. Ich hatte die ganze Zeit *Parsifal* im Kopf. Das Wandern wurde immer weicher, immer schöner. Wir waren wirklich wie eine Pilgergruppe. Einmal brachte uns jemand Schnittchen, ein anderes Mal brachte man uns ein Ständchen. Irgendwann wurde es egal, ob viele oder wenige dazukamen. Wir waren die Wanderer, ganz intim. Als wir vor dem Bockenheimer Depot in Frankfurt ankamen, waren dort plötzlich Tausende von Leuten, Kameras, Fotoapparate – und die Erwartungshaltung: „Jetzt geht die Rakete los!" Wir gerieten sofort unter die Brenngläser, Lupen, Ferngläser aller Beteiligten. Unter Druck habe ich dort drinnen dann angefangen, zu predigen. Völliger Schwachsinn! Ich bin im Kreis gelaufen. In der Ecke stand ein Tisch, an dem Suppe gekocht und gegessen wurde. Das hätte es eigentlich sein sollen, ein gemütliches

Abendmahl. Statt dessen dieser Zinnober. Das Agieren unter Druck war die reine Kapitulationserklärung. Andere haben das anders gesehen, aber für mich war dieser Abend ganz, ganz schrecklich. Noch schrecklicher: Am nächsten Abend sollte die ganze Aktion wiederholt werden. Wir haben uns dann aber besprochen und sind am zweiten Abend schon in die Einkaufszone gegangen, zum Aufbau der Pfähle. Erst dort bekam die Aktion wieder ihre Dynamik, die aber fast auch schon wieder absehbar war. Dennoch habe ich das sehr gemocht. Das war ein Weltjugendtag, aber ein sehr turbulenter. Ich glaube, der Papst hätte da wirklich etwas lernen können. Es ging richtig rund. Ein Kirchenmensch hat sich eingeschaltet, man dürfe die Angst so nicht propagieren, das sei nur eine Masche. Die anderen haben es toll gefunden. Die *Church of Fear*-Aktion in Bhaktapur in Nepal hat mir sehr gut gefallen, weil es dort natürlich völlig fremd war. Wenn ich so etwas hier in Deutschland mache, bin ich jedes Mal wieder innerlich zerstört. Natürlich gab es auch bei der Eröffnung der *Church of Fear* auf der Dachterrasse des Museum Ludwig enttäuschte Gesichter, so nach dem Motto „Warum scheißt der jetzt nicht aufs Kreuz, schreit blasphemisches Zeug zum Dom rüber oder erzählt Papstwitze?" Aber es war genau richtig, das Projekt im Museum runterzufahren. Dort passiert eine Aufladung erst über die Zeit und durch die Menschen, die sich mit der *Church of Fear* auseinander setzen.

AK: Aus der spontanen Gründung der *Church of Fear* wurde damals ein bewilligtes Bundeskulturstiftungsprojekt mit Ihnen als künstlerischem Leiter.

CS: Ja, die Bundeskulturstiftung hat es finanziert.

AK: Was entgegnen Sie dem Vorwurf, dass die *Church of Fear* letztlich doch wieder die Intendantennummer mit Laienbeteiligung ist?

CS: Ich gehe extrem gelassen damit um, weil es mich nicht interessiert, Verteidigungsreden zu halten. Die Leute sind immer darauf gepolt, dass ein Einzelner versucht, sich in den Vordergrund zu spielen. Ich kann natürlich als Eremit in der Einöde leben, aus Felssteinen kleine *Churches of Fear* hauen und nicht darüber sprechen, nichts machen, nichts thematisieren, nur darin leben. Für mich ist das nicht der ideale Zustand. Ich muss darüber sprechen und gucken, ob das Leute interessiert. Das ist mein ganz persönliches Tourette-Syndrom. Wenn ich Angst habe, dann muss ich darüber sprechen. Wenn ich weiß, dass ich in einem bestimmten Moment bloß keinen Fehler machen darf, dann muss ich ihn machen, dann muss ich mich schlecht benehmen. Es steckt ein Zwang, eine Obsession dahinter, die nicht verwaltbar ist. Bei der *Church of Fear* kann mich gar nicht interessieren, ob mir jemand vorwirft, ich würde die Angst für mich in Anspruch nehmen. Vielleicht ist das sogar ganz gut so. Sie sollen ruhig sagen: „Dieser blöde Schlingensief nimmt die Angst, monopolisiert sie und macht wieder so eine Nummer daraus", denn um die Monopolisierung von Angst geht es ja. So kommen sie vielleicht dazu, über ihre eigene Angst zu reden. Es ist eine Öffnung und eine Hoffnung, dass Angst überall existiert. Sie ist das Lebenselixier. Wer es für seine Zwecke missbrauchen will, muss bekämpft werden. Dafür bin ich ein Katalysator. Wer also sagt: „Der Schlingensief hat die Angst monopolisiert, dafür muss er vernichtet werden, ‚Tötet Schlingensief!'", der hat das Anliegen der *Church of Fear* verstanden. Und ich bekomme wenigstens eine eigene Kirche und ein gleichschenkliges Kreuz.

AK: Mehr noch als ein Mitinitiator der *Church of Fear* wirken Sie eben wie ihr Papst oder Botschafter. Ohne diesen Status doch sonst keine Übergabe der *Church of Fear*-Arbeit durch Sie an die Gemeindemitglieder und Sympathisantengruppen, wie geschehen vor Ihrem Antritt in Bayreuth zu Ihrer *Parsifal*-Inszenierung im Sommer 2004? Und auch im Museum lautet der Credit: Christoph Schlingensief. Wie sehen Sie Ihre damalige und aktuelle Rolle in der *Church of Fear*?

CS: Unabhängig von meiner eigenen Gemeindetätigkeit ist die *Church of Fear* für mich immer präsent, aber nicht, weil ich sie permanent pflege und schaue, wo sie unterkommen kann. Sie ist wie ein Versuchsobjekt, wie eine Fotoplatte, die im Laufe der Zeit belichtet wurde und auch im Museum Ludwig weiter belichtet wird.

Sie wird langsam alt und ein bisschen mürbe. Das Holz, so hoffe ich, fängt an zu faulen. Die *Church of Fear* braucht das Kirchengebäude nicht. Davon gibt es ja auch schon fünf, sechs oder sieben Stück. In Wingsbach stehen allein zwei Holzkirchen, in Bayreuth steht eine Holzkapelle. Wichtiger als eine Sammelausstellung all dieser Kirchen wäre, dass jemand etwa einen Hochsitz oder eine Telefonzelle oder seine Gartenlaube zum *Church of Fear*-Gebäude ernennt. Die *Church of Fear* bleibt innerlich für mich erhalten, als Gedanke. Anders als früher lege ich heute viel mehr Wert darauf, dass ich die Dinge besuchen, wieder herauskramen und sehen kann, was Zeit kann, was sie anrichtet, im Positiven wie im Negativen. Die *Church of Fear* ist ein Bild dafür. Es geht nicht um gekonnte Provokation zum Weltjugendtag in Köln, wie etwa von der dpa kolportiert. Klar, ich hätte das machen können, aber die *Church of Fear* gehört nicht mir, und ich bin mit meinen Gedanken schon wieder bei meinem Engagement in Bayreuth und mit meinen Träumen schon wieder in Afrika. Gut möglich, dass ich unter anderen Vorzeichen auf der Domplatte aufgetaucht wäre und eine Diskussion angezettelt hätte. Nur bin ich nicht mehr so entflammbar wie früher, ich bin eher rührbar. Ich bin kein Hass- oder Wander- oder Mutprediger. Mir reicht die *Church of Fear* als Argument, als Treffpunkt für immer wieder andere Menschen, die sich dort vergewissern können, dass die Angst existiert, dass die Angst nicht weg ist, dass es noch heftiger kommen wird, dass einzelne Terrorakte im Gange sind und dass wir womöglich völlig übersehen, welchen Terror Regierungen und Gesellschaftssysteme permanent ausüben, um unsere Angst zu instrumentalisieren. Wenn man eine Formel finden würde, den Terror, den ein Staat ausübt, mit dem Terror zu vergleichen, den Terroristen in New York oder London ausüben, dann wären wohl die New Yorker oder Londoner „Veranstaltungen", so grauenhaft sie auch waren, nur das Bruchstück eines Fingernagels, der Staatsterror aber eine ganze Hand. Eine solche Formel haben wir aber nicht, noch nicht. Um so wichtiger sind für mich die Internetseite der *Church of Fear*, ihre Präsentation im Museum Ludwig oder die Wiener Aktion *Bitte liebt Österreich*, weil sie etwas archivieren. Das Museum hat aber immer noch einen anderen Stellenwert, weil es als Riesenarchiv behauptet, etwas zu schützen, das sich zu schützen lohnt oder das in einen größeren Kontext gestellt wird. Das Theater stellt sich immer nur selbst in den Kontext. Es ist ein Modeartikel, dessen Verkäufer sagen: „Wir feiern jetzt das Rilke-Jahr, das Shakespeare-Jahr, das Schiller-Jahr. Wir holen uns ein paar Promis auf die Bühne, die die ganze Nacht durch *Die Glocke* vorlesen, und zeigen den Leuten mal, wie modern wir sind ..." Entsprechend schnell werden Stücke in die Jetztzeit transportiert, da steht Mutter Courage dann im Irak-Krieg und zieht ihren Karren durch Bagdad. Das ist absoluter Blödsinn und ein totaler Gedächtnisverlust. Im Museum interessiert mich auch die Kellerabteilung, wo die Bilder lagern, die man im Moment nicht mehr rausholen will. Im Haus der Kunst interessieren mich die Karteikarten, die festhalten, was Hitler dort 36 Stunden vor Ausstellungseröffnung hat abhängen lassen für die Schau *Entartete Kunst* in den benachbarten Hofgartenarkaden. Die *Church of Fear* funktioniert sehr langfristig hoffentlich genauso, nämlich wie ein Gedächtnis. Die Angst ist ihr Lebens-, das Gedächtnis ihr Überlebenselixier, um sich irgendwelchen Politikern oder anderen Predigern auch mal in den Weg zu stellen und zu sagen: „Bevor Sie mir erzählen, dass Sie von Gott berufen wurden, diesen Krieg zu führen, lesen Sie bitte www.church-of-fear.net oder gehen Sie ins Museum Ludwig!".

AK: Verliert denn nicht die *Church of Fear* im Museum auch etwas von ihrem Versuchscharakter? Durch den Wiederaufbau ihres Informationszentrums auf dem Dach des Museum Ludwig wird sie doch erneut oder erst recht ästhetisch aufgeladen.

CS: Die *Church of Fear* ist ja nicht an das Holzgebäude gebunden. Im Grunde genommen hat Beuys auch eine Religionsgruppe gegründet, die Beuysianer. Die leben deshalb aber nicht im Museum in der Fettecke. Im Museum kann ich stattdessen noch immer ein Stückchen Fett angucken, das lange nicht mehr das Fett ist, mit dem Beuys gearbeitet hat. Trotzdem ist es das Fettstückchen. Wenn ich mich dann noch näher mit seiner Theorie auseinander setze, dann kann es die Bedeutung von einer sozialen Plastik haben. Durch sie hat Beuys viele Projektionsflächen eingerichtet, die auch ich nicht ausschließen will. Wenn man ein Objekt im öffentlichen Raum platziert, dann kann es sich aufladen und benutzt werden. Manchmal ist es aber auch gut, es in einen Raum wie das Museum zu stellen, um wenigstens eine seiner Projektionsflächen wieder als ein Bruchstück zu verstehen. Im Museum Ludwig steht nur eine Reliquie, ein einziges Kirchlein, nicht die ganze *Church of Fear*. Das Kirchlein ist vielleicht ihr erstes, aber wer weiß das schon genau. Vielleicht haben Beuys oder Frau Müller auch schon Kirchen gebaut. Im Schrebergarten in Tegel stehen auch ein paar kleine Kirchenmodelle als Vogeltränken herum.

AK: Darauf möchte ich hinaus: Die *Church of Fear* materialisiert sich eben nicht vor allem in einem Objekt, das nach Ausstellung verlangt. Vielmehr lebt sie von der praktischen sozialplastisch-künstlerischen Verhandlung mit Weltanschauungsgruppen. Welche Auseinandersetzung mit der *Church of Fear* erhoffen Sie sich, wenn ihre Anlaufstation ins Museum transportiert wird?

CS: Die *Church of Fear* ist ja gar nicht im Museum. Das Museum hat die *Church of Fear* nicht zu Gast, sondern nur einen Pinselstrich des ganzen Kirchengemäldes. Wenn im Museum Bilder von Künstlern aufhängt werden, hat es fünf Pinselstriche gepachtet, aber nicht den Kontext des Künstlers, der sich entscheiden muss, ob er Avantgardist oder Märtyrer werden will. Beuys hat sich zum Märtyrer stilisiert und ist deshalb ausgeschieden. Das Museum glaubt, es hätte mit einem Pinselstrich gleich die ganze Theorie oder den ganzen Menschen. Der Künstler ist im besten Falle derjenige, der sagt: „Also gut, meine Arbeit soll im Museum hängen, die ist da wunderbar aufgehoben." Aber erst wenn eine Verbundenheit zwischen meiner Arbeit und dem Ausstellungsort entstanden ist, fühle ich als Künstler mich involviert. Natürlich bekommt die *Church of Fear* im Wertesystem Museum plötzlich eine kleine Form von Hochachtung, von Wertsteigerung und Verankerung im Gedächtnis. Aber die Holzkirche auf der Museumsdachterrasse ist trotzdem nur ein Pinselstrich. Was den musealen Aspekt angeht, so habe ich keine großen Ambitionen, mir vorzustellen, dass ich die letzten zehn Jahre meines Lebens als der „Künstler Schlingensief" verehrt werde. Ich würde aber unheimlich gerne Mäuschen spielen und erfahren, was nach meinem Tod etwa mit meinen Filmen passiert, ob sie gezeigt werden, wie Leute darauf reagieren. Und zurück zur *Church of Fear*: Sie ist eigentlich ein Kirchenmodell für Außerirdische. Alles, was ich mache, ist für Außerirdische. Die Erde ist sowieso rettungslos verloren. Wenn die Außerirdischen kommen, dann sollen sie mit all ihrer Energie lauter Fehlinformationen sammeln. Sie müssen in die katholischen Kirchen rennen und denken: „Aha, da ist ja noch eine und noch eine und noch eine ..." Dann rennen sie in die *Church of Fear* und wissen plötzlich nicht mehr, was das für eine Glaubensrichtung gewesen sein soll, in der sie neben- oder übereinander ein Mops-Arschloch, eine Voodoo-Maske und einen verwesenden Hasen finden; und von oben herab hören sie noch den Muezzin rufen. Das Bild, das sich ihnen bietet, ist das einer sehr vielseitigen Religionsgemeinschaft, die Angst gehabt hat. Da würde es mich schon interessieren, in welche dieser beiden Kirchen die Außerirdischen eher eintreten. Die *Church of Fear* hebt die Angst auf Erden, das gute oder das schlechte Gewissen nicht auf. Die Eigenverantwortung und auch das Bekenntnis zur eigenen Angst kann wahrscheinlich genauso wenig gelernt werden wie Mitleid. Wenn wir Lehrmeister für diese Methode wären, dann würden wir etwas behaupten, was wir selber nicht im Griff haben.

AK: In Island, während Ihrer Arbeit an Ihrem neuesten Projekt *Der Animatograph*, einer „aktionistischen Fotoplatte", wie Sie sie nennen, die bannt, was auf ihr passiert, haben Sie eine für die *Church of Fear* interessante Entdeckung gemacht.

CS: In Zeiten des Wartens habe ich mehr Zeit als sonst. Wenn es mir dann gelingt, die Tür zu öffnen und – das ist nicht esoterisch gemeint – sich ein Bedürfnis nach Erdversorgung einstellt, dann spüre ich Strömungen, denen ich mich wie im Voodoo öffne. Diese Kräfte können mich reiten. Wenn ich unterwegs bin und nicht zu einem Punkt fahre, von dem ich schon vorher weiß, dass an ihm etwas zu sehen sein soll, sondern die offizielle Straße verlasse, in den Seitenweg oder ins Gebüsch biege, dann passieren bei mir die besten Dinge. In Island ist mir genau das passiert. Ich war schon 1989 einmal dort, um meinen Film *Das deutsche Kettensägenmassaker* zu zeigen. Auch damals habe ich mich ein bisschen auf der Insel umgeguckt, war bei den Geysiren. Damals gab es den großen Geysir noch, der jetzt erlahmt ist, weil jemand Waschpulver hineingekippt hat. Als ich im Mai 2005 zum zweiten Mal dort war, um auf dem Reykjavík Kunstfestival im Kunst- und Kulturzentrum Klink & Bank den *Animatographen* zu zeigen, bin ich wieder durch die Gegend gefahren. Ich wollte nicht einfach den Wien-Container mitbringen und hier abstellen, so wie andere Künstler, die ihre Bilder auspacken und an die Wand hängen. Ich brauche die Energiefelder, die an einem Ort sind. In Island waren diese Energiefelder gewaltig. Plötzlich ging alles in eine andere Richtung als gedacht, als wir uns auf unserer Fahrt über die Insel Pingvellir näherten, der Stelle, an der 930 n. Chr. das erste demokratische Parlament eingeführt wurde, das wiederum das Christentum einführte, bei gleichzeitiger Tolerierung häuslichen Heidentums. Zu Hause machen dürfen, was man will, offiziell aber trotzdem Christ sein, das hielt man damals wohl für eine ganz gute Lösung. Auf Island wurde nur eine einzige Hexe verbrannt! Ohne von diesen Hintergründen zu wissen, bin ich an diese Stelle gefahren. Es war der Hammer! Da steht plötzlich eine Kirche, die wie die Holzkirche der *Church of Fear* aussieht, das Ganze genau an der Stelle, an der das isländische Parlament gegründet wurde und sich eine Erdspalte befindet, an der die eurasische und die amerikanische Kontinentalplatte jährlich acht Millimeter auseinanderdriften. Ich habe mich gefragt: „Wie kommt denn meine *Church of Fear* hierhin? Warum habe ich sie nicht früher schon gefunden? Finde jetzt ich die Kirche oder findet die Kirche mich?" Das sind Momente, in denen ich hellhörig werde. In Pingvellir habe ich der Demokratie eine Windmühle errichtet, einen überdimensionalen Wäscheständer, viereinhalb Meter hoch, mit riesigen Tüchern daran. Die wehenden Tücher sind für mich das Bild der Demokratie. Sie sind mein Duchamp-Klo. Mittlerweile hat sich dieses Bild durchgesetzt, in jedem Garten gibt es eine Ausstellung solch animatographischer Wäscheständer. Das alles ist in mein Projekt *Der Animatograph* eingeflossen. Ähnlich ist das mit der *Church of Fear*, die in Island auf den *Animatographen* stößt.

AK: Angst, sagen Sie, ist die Produktivkraft all Ihrer Produktionen. Ist insofern die *Church of Fear* eine Art Kulminationspunkt oder Zentralprojekt für Sie?

CS: Die Vermutung liegt nahe, weil die Angst ja schon im Projekttitel offen ausgesprochen wird. Alles andere wäre hinsichtlich der frohen Botschaft der *Church of Fear* – „Have Fear!" – auch falsch gewesen. Ein Zentralprojekt ist sie deshalb aber nicht. Ich habe kein Zentralprojekt. Natürlich steht jede aktuelle Arbeit immer im Mittelpunkt, aber eben auch, damit sie den Anschluss an vorangegangene Arbeiten nicht verpasst, und damit sie kommenden Arbeiten die Chance bietet, sich ebenfalls zu verkuppeln. Entgegen der öffentlichen Wahrnehmung ist auch der *Parsifal* kein Zentralprojekt. Alle

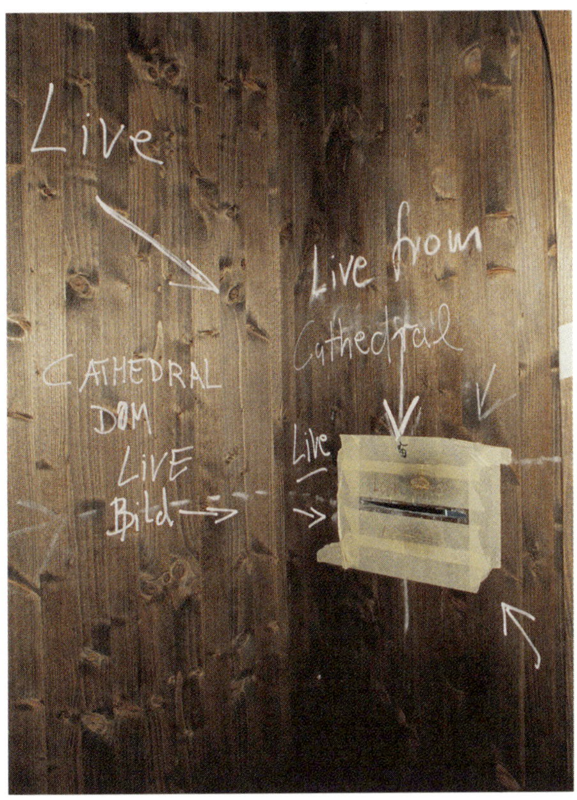

Arbeiten sind im Fluss. Deshalb taucht die *Church of Fear* im *Parsifal* 2004 auf, deshalb taucht *Parsifal* im *Animatographen* auf, deshalb steht auf der Bühne des *Parsifal* 2005 ein Modell des *Animatographen*. Dass auf Island eine *Church of Fear*-Kirche steht, und zwar genau da, wo wir am *Animatographen* arbeiten, kann schließlich kein Zufall sein.

AK: Ist die *Church of Fear* im *Animatographen* aufgegangen? Ist sie animatographisch konvertiert?

CS: Die *Church of Fear* ist eben nicht abgeschlossen, sie geht weiter. Vielleicht ist sie sogar eine Altersversorgung. Spätestens nach dem ersten Atomblitz in London, New York oder Köln wird es zu einer spürbaren Weiterentwicklung der *Church of Fear* kommen. Aber man muß eben nichts dafür tun. Eigentlich müssten wir versuchen, eine *Church of Fear* im Irak aufzustellen. Dazu fehlen mir allerdings die Nerven. Das müssten dann andere machen. Vielleicht gibt es ja Sammler aus dem Irak, die das realisieren wollen. Die *Church of Fear* ist also ganz und gar nicht abgeschlossen. Sie ist ein Teil des Gedächtnisses, auch des Gedächtnisses von Vorfällen, die noch gar nicht stattgefunden haben. Es gibt Bilder, die muss man gründen, finden oder realisieren. Und wenn sie da sind, kann man sich immer wieder auf sie berufen. „Ohne Dunkelheit keine Bewegung!", heißt es im *Animatographen*. Auch die *Church of Fear* funktioniert eben nur in der Dunkelheit, die uns noch umgibt. Dadurch kommt sie immer wieder vor und wird sich dementsprechend auch immer wieder belichten. Das zu betrachten, finde ich toll. Und wenn es modert und anfängt, abzubröckeln, dann darf eben kein Restaurator kommen. Das Thema der *Church of Fear* ist also nicht vorbei. Es wäre toll, das Internetforum der *Church of Fear* auszubauen und in allen möglichen Sprachen zugänglich zu machen. Es ist längst überfällig, in einem solchen Forum die Frage zu diskutieren, ob Jesus eigentlich mit Mohammed verwandt ist. Die Kirchen realisieren keinen Ökumene-Gedanken, die *Church of Fear* tut es. Dabei könnte es für alle spannend sein, die Angst als Ökumene, als gemeinschaftlichen Heiltrank zu begreifen. Anders als die Monopolisten, die mit dem Geheimnis von Fatima am Ende die Flucht antreten und sagen „Wir können nicht über alles sprechen", hat die *Church of Fear* mit jedem Einzelnen zu tun, der letzten Endes das Geheimnis selber ist.

AK: Am schönsten wäre doch, wenn Sie ein Ende der *Church of Fear* nicht selbst entscheiden könnten, weil die *Church of Fear* inzwischen anderen gehört, oder?

CS: Absolut richtig. Ich fühle mich auch nicht verpflichtet, zu gewährleisten, dass sie am Leben bleibt. Aber ich würde alle Möglichkeiten nutzen, die sich anbieten, um das Mikrofon von der Kirchenkanzel in die Gemeinde zu bringen, es in gewisser Weise zu vervielfältigen. In dieser Kirche hat nicht der Schlingensief das Mikrofon, es ist ein Rundum-Mikrofon. Gerne würde ich mich einschleichen und zuhören, wie die Gespräche auf Angstbasis laufen, was diejenigen machen, die sich zur Angst bekennen. Vielleicht schreibe ich dann auch mal etwas unter falschem Namen ins Internetforum. Im Anschluss an ihre Gründung haben wir die *Church of Fear* übergeben. Sie ist aber nicht zu Ende, auch wenn sie durch den medialen Mechanismus immer wieder nur mit einer Person und ihrer Aktion im Zusammenhang mit der *Church of Fear* identifiziert wird. Das ist kein Problem der *Church of Fear*. Es ist ein Problem der Medien, das mich aber nicht wirklich berührt und das auf lange Sicht betrachtet keine Gefahr für die *Church of Fear* darstellt. Die Angst wurde nicht von mir erfunden.

CHURCH OF FEAR

Internationale Vereinigung aller Terrorgeschädigten.
Basisgemeinden in Venedig, Frankfurt/M., Lüderitz, Berlin, Bhaktapur, Rom, New York, Bombay, La Paz, Port au Prince, Mallorca, Wien.

Insgesamt über 900 Gemeinden und Sympathisantengruppen weltweit mit über 21.000 Mitgliedern auf 6 Kontinenten.

WIR GLAUBEN NICHTS MEHR !
Gegründet am 20. März 2003

Ab sofort auch in Köln!

ACHTUNG !

Wir sind Sympathisanten + Mitglieder der CHURCH of FEAR und gehören zu einer Gemeinschaft von Personen, die weltweit und alltäglich durch Terror geschädigt werden.

Man versetzt uns in Angst. Man zerstört unseren Glauben.
Deshalb sagt die CHURCH OF FEAR:
Kampf dem TERRORMONOPOL der Politik!
Kampf ihrer angeblich erleuchteten Führer!
Sabotage der Angst produzierenden Medienmaschinerie.

Kämpfen Sie mit! Schließen Sie sich an!
Werden Sie Mitglied durch das Bekenntnis zur Angst!
Man hat uns den Glauben genommen, unsere Angst nimmt man uns nicht!

CHURCH OF FEAR sagt:

ANGST ist MACHT!
ANGST ist unser SPRENGSTOFF!
KEIN ANFÜHRER, KEIN GOTT WIRD EUCH LEITEN!
IHR SEID DIE TAT!

CHURCH OF FEAR sagt:

HABT ANGST!
ANGST IST DER MOTOR IN EURER TERRORMASCHINE!
Die ENTHAUPTUNGSSCHLACHT gegen die MONOPOLISTEN DER ANGST
In PARLAMENT und PRESSE, in MARKT und MANEGE hat begonnen.

CHURCH OF FEAR sagt:

ERWARTET EUCH NICHT ZUVIEL VOM WELTUNTERGANG!

Informieren Sie sich unter www.church-of-fear.net / www.cof.com.ly!
Werden Sie Mitglied!
Allein die ERNIEDRIGTEN werden ERHÖRT und ERLEUCHTET werden!

Gründen Sie eine eigene Angstgemeinde!
Werden Sie Heiliger der CHURCH OF FEAR!
Sprechen Sie uns an oder schreiben Sie uns unter: holy@church-of-fear.net

JETZT NEU: **PLANEN SIE EINE TERRORISTISCHE TAT? Wann, Wo, Warum?**

Church of Fear

Flyer Arabia

ءيش يأب نمؤن ال !
20/03/2003 موي تسسأت

باهرالا اياحض عيمجل يلودلا داحتالا
كروي وين و امور و خريز و ستردبل و تروفكنرف و سينف يف دجوت ايإعرلل دعاوق
و بوماباي و الباز و بورت وأ برانتس و بيوركا و فياينا و غيريام نم ندملا....

!هبتنإ !
باهرإلا نم ايموي يناعت صاخشأ ةعومجم نم ءزج اننأ امك اهيف ءاضعأ و فوخلا ةسينك عم فطاعتن و رعشن اننإ!
في كل أنحاء العالم.

انتديقع مده ددصب مهنأ امك انيف فوخلا ثعب نوديري مهإ!

و اذهل فإنّ كنيسة الخوف تعلن:
باهرالا يف يسايسلا راكتحالا مواقن انعد !
نيءاضم مهنأ موعزملا مهتداق حفاكن انعد !
عزفلل ةجتنملا مالعإلا لئاسو نم ةلآلا كلت لنخرّب .

!ةكرعملا كلت يف اوماس و انب اوقحتلإ
! فوخلا ةديقع كئانتقاب ءاضعأ اوحبصتلف
انم فوخلا اوكفي نل نكل و اننامإي انم اوبلس دقل!

كنيسة الخوف تقول:
!ةوق إنّ الخوف
فلنستعمل الخوف لحم الديناميت !
اننودوقي بر ال و ميعز ال!
إنكم أنتم الفعل !

كنيسة الخوف تقول :
!!!تخوّفوا
!!!إنّ الخوف هو المحرك لآلاتكم الإرهابية
فوخلا يركتحم دض سأرلا برض ةكرعم تعلدنا دق و
في البرلمان و الصحافة و كذلك في السوق و في العزبة.

كنيسة الخوف تقول:
!ايندلا ةياهن نم ريثكلا اوعقوتت ال

انه تجدون كل المعلومات حولنا!
!ءاضعأ اوحبصتلف
! إنّ المنحطّين فقط هم الذين سوف يقع الاستماع إليهم و إنارتهم

.سينيف يف ةينفلا باعلألل نيسمخلا ىركذلا نم ءزجك يلوأ جذومن
و للمزيد من المعلومات عن بقية الأنشطة : www.cof.com.ly

! كب ةصاخ فوخ ةفئاط نيوكتب مق
!و اصبح قدّيس كنيسة الخوف
تكلم معنا مباشرة أو اتصل بنا تحت : holy@church-of-fear.net

جديد:
هل أنت بصدد تخطيط عملية إرهابية؟
متى ، أين ، لماذا ؟
holy@church-of-fear.net

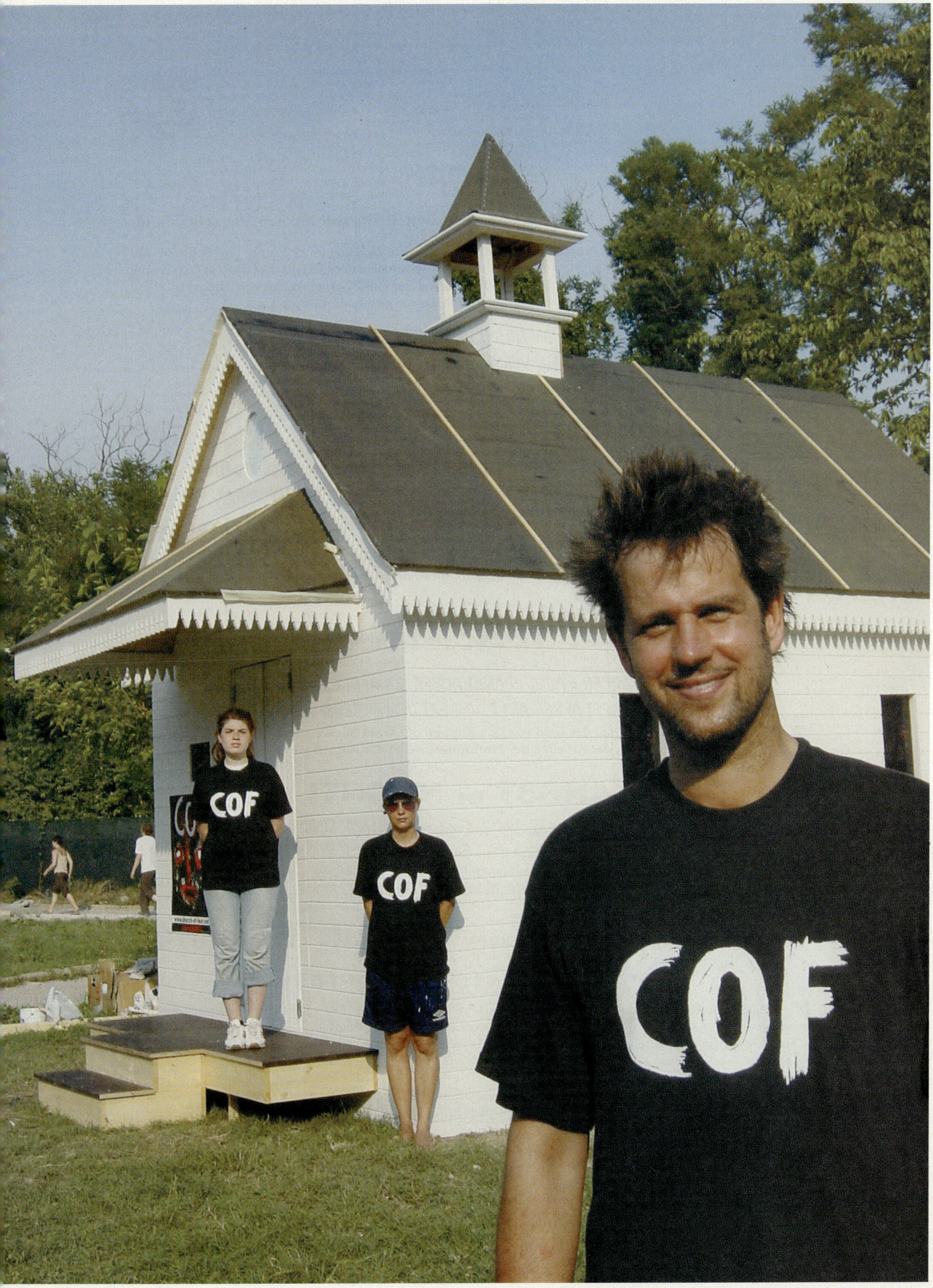
COF
COF
COF

COF

Eine Schlacht ist geschlagen! Der Kampf geht weiter! Die wahren Schläfer schlafen nie!

In den tiefen, tiefen Schlaf der Unschuldigen hinein wurde am 20.03.03 unter Furcht und Schmerz die CHURCH OF FEAR geboren. Wir sind Missionare + Missionierte der CHURCH OF FEAR. Wir sind Arbeitslose, Heimatlose + Befehlsverweigerer. Wir gehören zu einer Gemeinschaft von Nichtgläubigen, die weltweit und alltäglich durch Terror geschädigt werden.

MAN NIMMT UNS DIE ARBEIT.
MAN VERSETZT UNS IN ANGST.
MAN ZERSTÖRT UNSERE HEIMAT, UNSEREN GLAUBEN, UNSER LEBEN.

COF sagt:

Krieg dem TERRORMONOPOL der Politik!

Kampf den Lösungssimulanten! Sabotage den Angst produzierenden Medienmaschinen!

KÄMPFEN SIE MIT! SCHLIEẞEN SIE SICH AN!

Werden Sie Mitglied durch Ihr Bekenntnis zur Angst.
„Glaube und Hoffnung hat man uns geraubt, Angst ist unser Hab und Gut!"

Arbeit macht unfrei!

ARBEIT MACHT KRANK! ARBEIT SCHAFFT ELEND,
SCHAFFT ARBEIT AB! PLÜNDERT DEN ARBEITSMARKT!

Wir wollen kein Geld! „Schmeißt das Geld von den Klippen der Wahrheit hinab ins offene Meer der Lüge!"
Der Wert-, der Arbeits-, der Hoffnungslose ist das Kapital von Heute!

ANGST ist MACHT!

Angst ist unser Sprengstoff, Wut ist unsere Lunte. WIR SIND DAS FEUER!
Kein Gott, kein Götze wird Euch leiten! IHR SEID DIE TAT!

Angst ist der Motor in Eurer Terrormaschine! Die Enthauptungsschlacht gegen die Monopolisten in PARLAMENT und PRESSE, in MARKT und MANEGE hat begonnen!

Erwartet Euch nicht zuviel vom WELTUNTERGANG!

WERDEN SIE MITGLIED!

Allein die Erniedrigten werden erhört und erleuchtet werden. Gründen Sie Ihre Angstgemeinde!
Werden Sie Heiliger der Church of Fear!
Sind Sie für ein persönliches Recht auf Terror? Planen auch Sie eine terroristische Tat? Wann, Wo, Gegen Wen?

Bekennen Sie sich unter:
WWW.CHURCH-OF-FEAR.NET

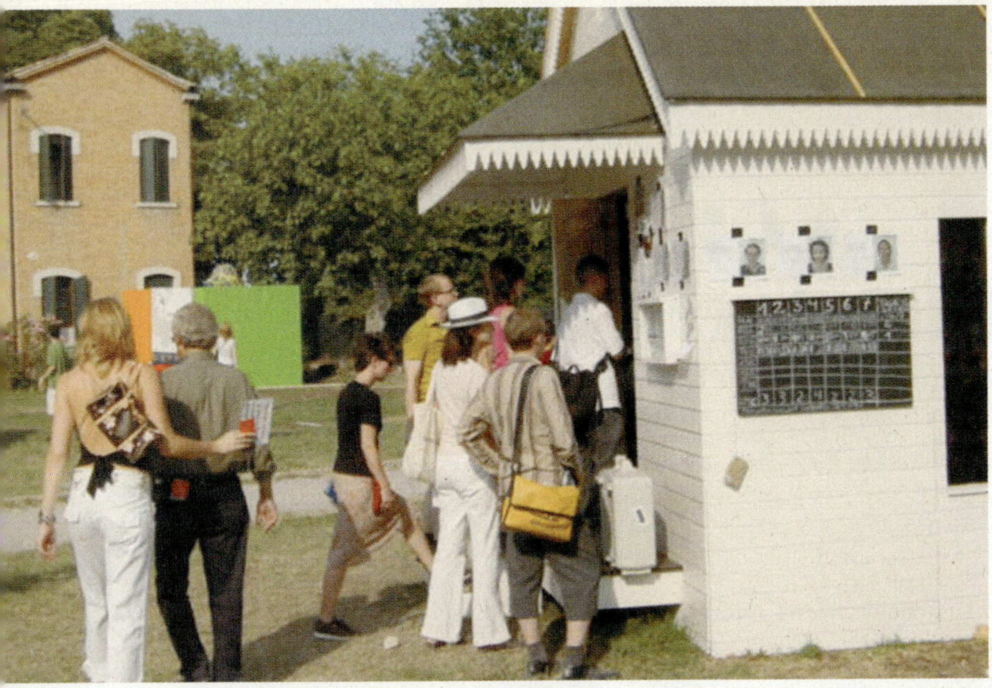

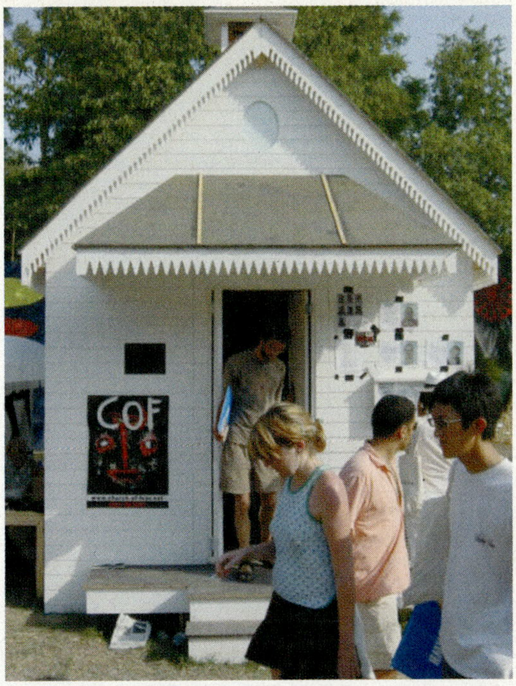
COF

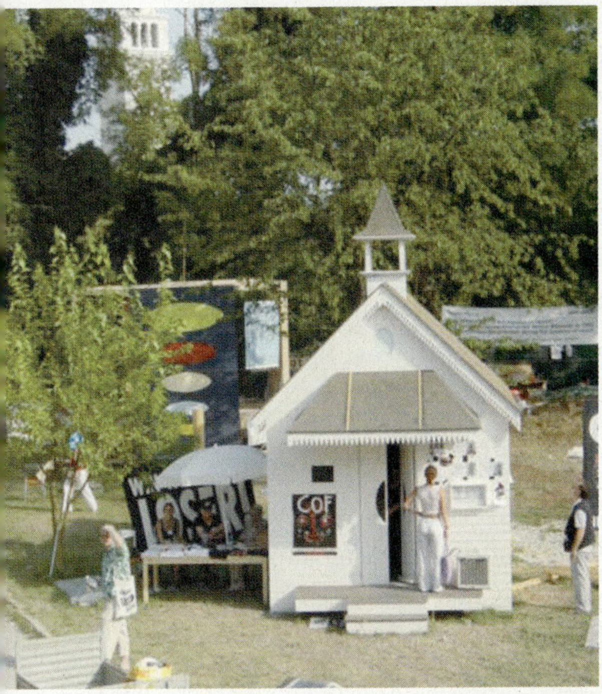
LOSER!
COF

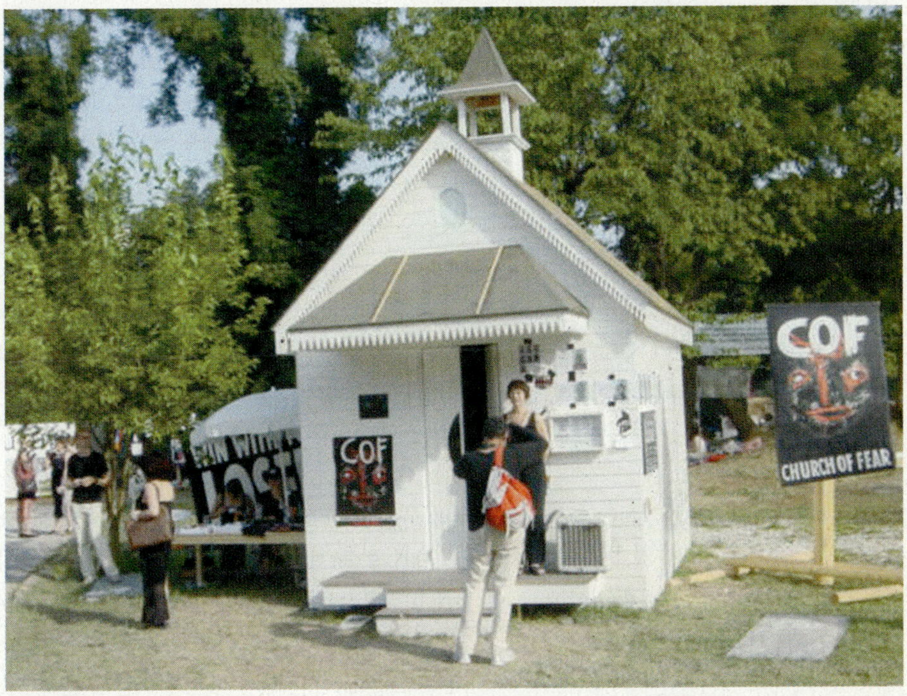
COF
COF
CHURCH OF FEAR

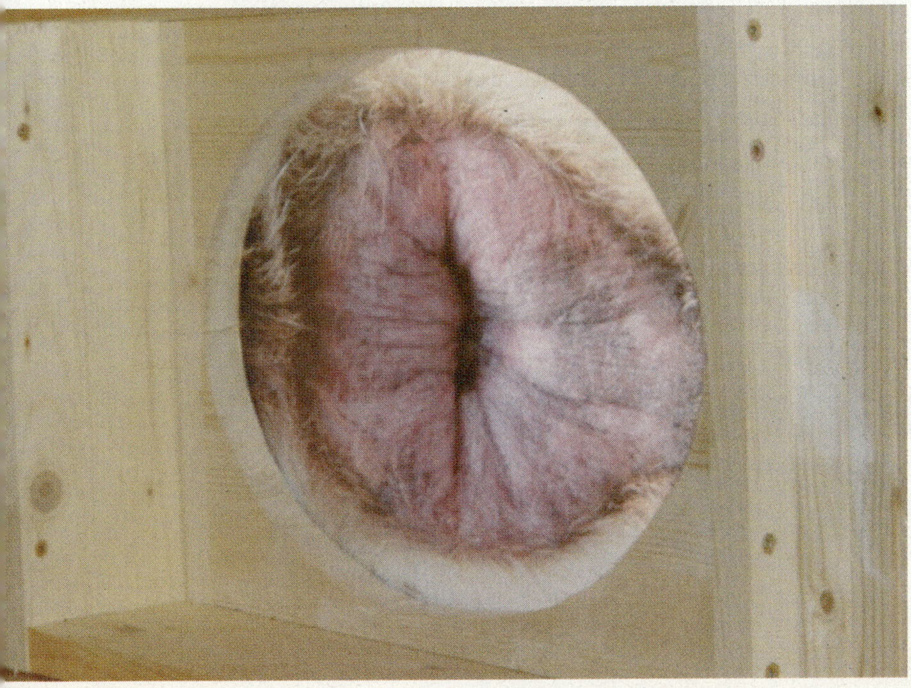

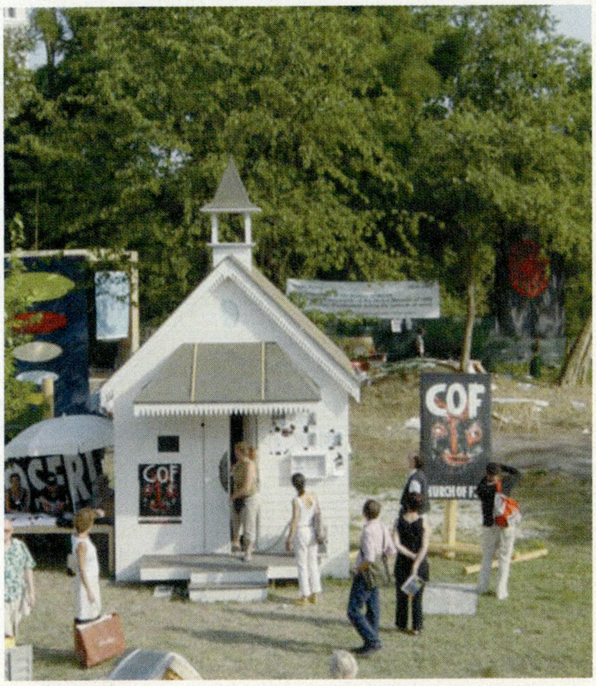
COF

COF
Church of Fear

gegründet 20/3/2003

"Wir sehen jetzt durch einen Spiegel ein dunkles Bild; dann aber von Angesicht zu Angesicht."

1. Korinther 13,12

1 Am Vorabend des persönlichen oder globalen Untergangs entwickeln Menschen eine geradezu abgöttische Begeisterung für Kulte und Rituale, **2** die Angst bekämpfen und Hoffnung schenken – die „Glauben machen".
3 Vor diesem Hintergrund eröffnet die neu gegründete CHURCH OF FEAR [COF], **4** vertreten durch Gemeindemitglied Christoph Schlingensief, **5** ihr erstes COF-Informationszentrum auf der Kunstbiennale 2003 in Venedig. **6** Gemeinsam mit 7 ehemaligen Mitgliedern verschiedener Sekten und Glaubensgemeinschaften wird Christoph Schlingensief in der ersten Ausstellungswoche über die CHURCH OF FEAR informieren **7** und mit geladenen und zufälligen Besuchern Glaubens- und Angstfragen diskutieren.
8 Das COF-Informationszentrum Venedig bildet den Auftakt der Europäischen COF-Verknüpfungsprozession, **9** die neben Andachten und Meßfeiern in Berlin, Frankfurt, Paris, London und Rom im September auf die Biennale zurückkehren wird, **10** um Zwischenbilanz zu ziehen und ihre weitere, weltweite Prozessionsroute abzustecken.

2 Von größter Bedeutung für den Freihandel mit Ängsten ist **2** die soeben gestartete Homepage der CHURCH OF FEAR, **3** die auch das venezianische COF-Informationszentrum unterstützen wird. **4** Unter www.church-of-fear.net kann sich jeder über die Angstkirche informieren, **5** sich für die CHURCH OF FEAR engagieren **6** und eigene Ängste und Depressionen zum Ausdruck bringen.

3 „Ein transzendentales Ereignis wie die Biennale", **2** so COF-Botschafter Christoph Schlingensief, **3** „gibt der Church of Fear die Gelegenheit, ihren globalen, ja sogar ihren universalen Charakter zu unterstreichen **4** und die Verkündung der Angst hinaus zu tragen in diese und andere Welten."

„Jetzt erkenne ich stückweise; dann aber werde ich erkennen, wie ich erkannt bin."

1. Korinther 13, 12

Church of Fear

www.church-of-fear.net

Church of Fear

FIRST INTERNATIONAL POLE-SITTING CONTEST

50th Biennale Venice
11. – 18.6.2003

Daily report by Jörg van der Horst

June 12, 2003
Day 1

The First International Pole-Sitting Contest has begun! 7 pole-sitters, hoping to win and to become "column holy of the church of fear" took their extraordinary seats on Wednesday morning at the biennale.

First visitors were deeply impressed, searched contact with the competitors and placed first bets on their favourites. Two attacks by an anonymous curator and an Austrian visitor were defeated by supporters of the church of fear.

The poles are still standing!
The pole-sitters are still sitting and expressing their fears and depressions in peaceful atmosphere.

Fear is still here and will definitely survive even this vital exposition.

The competition has become harder due to the incredible heat in Venice. The competition is no longer a game, no longer a piece of art. It's a battle against the ignorance of fear; it's a struggle against 45 degrees Celsius.

The seven competitors are:
Anna-Maria Behva, Russia
Susanne Holm, Germany
Renate Stauffacher, Switzerland
Ralf Baumgarten, Germany
Fernando R. Garcia, Mexico
Matthias Rollinger, Italy
Werner Thiel, Germany

Come and see! Come to Venice and support our pole-sitters at the face or via internet!

The betting office is hardly able to deal with the huge amount of bets being placed.

Nevertheless we want you to take part in the First International Pole-Sitting Contest! Place your bet now!

June 13, 2003
Day 2

Competition is still running. So far none of the pole-sitters gave up. They're still sitting on their poles, demonstrating their fears and their everyday depressions. Also they're remaining in a generally peaceful atmosphere, the harmony has been shattered. Pole-sitter Susanne Holm, pole 5, has stopped smoking at the contest's beginning and consequently became very aggressive. She insulted a group of students from Lyon, France and tried to convince Matthias Rollinger, pole 7, that he is the weakest competitor and should therefore quit the contest immediately to his own best.

The weather is still very hot. A visitor, pretending to be a British art collector, tried to persuade Renate Stauffacher, pole 3, to leave the pole and go swimming at the Lido. She resisted the temptation with the referees' help. Several journalists disturbed the competition by asking for spontaneous interviews. Day 2 gives all competitors a perfect impression of the cruelty of fear demonstration.

Meanwhile the betting office's telephone line collapsed at 16.34 pm. There were too many incoming calls. For technical reasons the online betting office had to be closed for the rest of day 2. Meanwhile 671 bets have been placed on location. Day 3 is expected to show first preliminary decisions.

June 14, 2003
Day 3

Venice in fear. Between the Arsenale and the Biennale Garden the CHURCH of FEAR paves its way and keeps visitors grounded. Confused by several sorts of empty art, people more and more lose their faith in the art's power to change the world. The CHURCH of FEAR even gives those non-believers a new home. So far more than 800 visitors have entered their names in COF´s subscription lists. These days CHURCH of FEAR is the dominating topic under the Venice sun – 33 degrees Celsius.

The permanent demonstration of fear leads still seven pole-sitters to their limits. Day 3 abandoned first conflicts between competitors. The mood between the poles gets worse, the final decision comes closer. Due to the hard conditions, Renate Stauffacher, pole 3, considers to give in for the first time. Susanne Holm, pole 5, encourages her emphatically to do so. Anna-Maria Behva, pole 2, remains calm and makes a great visual impact, so several male visitors gave her their phone numbers. Matthias Rollinger, pole 7, eyes these scenes of ars vivendi while reading Death in Venice by Thomas Mann. More and more visitors sit down besides the pole-sitters, wanting to support them. Others want to replace the pole-sitters completely, offering themselves as substitutes. Ralf Baumgarten, pole 4, watches the entrance to the Italian pavilion and – from time to time – shakes his head. In the meantime he had a short conversation about fear in music with Bianca Jagger. For day 4 Werner Thiel announced a spectacular performance on pole 1. We will report.

A moderate breeze provides a quick cooling.

The internet jackpot rise up to over 30.000 Euro. More than 4.500 holy pictures have already been sold.

June 15, 2003
Day 4

Venice's hottest day since decades brought a new dimension to Church of Fear's First International Pole-Sitting Contest. For another time the online betting office was attacked by a hacker calling himself "virus Christ".

By an impressing performance Werner Thiel, pole 1, won lots of visitors betting on his pole. Due to scientific fact, that insects' only emotional reaction is fear, he asked viewers for their favourite insect (fly, spider etc.). Then Thiel designed a special fear-scheme for his "customer". More than 32 visitors followed his wish to support his action and to bet on his pole.

Anna-Maria Behva, pole 2, and Matthias Rollinger, pole 7, had to handle their first deep crisis since they fell in love in August 2000. For a moment they seemed to quit the contest because of Rollinger's outstanding jealousy. But then the couple decided to go on in love - and fear.

Meanwhile Renate Stauffacher had to make "one of the hardest decisions of my life". Another Japanese art collector invited her to one of the greatest parties of biennale 2003. Therefore she would have to stop sitting on her pole for more than 15 minutes, which logically means disqualifying by the referees. She announced a definite decision for day 5. Just sitting on pole 5, Fernando R. Garcia may stand at the beginning of an unusual career. Several drawings he finished on day 4 are now exhibited in the Venezuelan pavilion.

Meanwhile a funeral chaplet was put down in front of the German pavilion for German populist and parachutist Juergen W. Moellemann, who recently committed suicide. On a black ribbon visitors read the warning words: "We are putting ourselves on stage to death. In memoriam J.W. Moellemann".

930 n. Chr.: Gründung der Church of Fear in Þingvellir (Island) ...

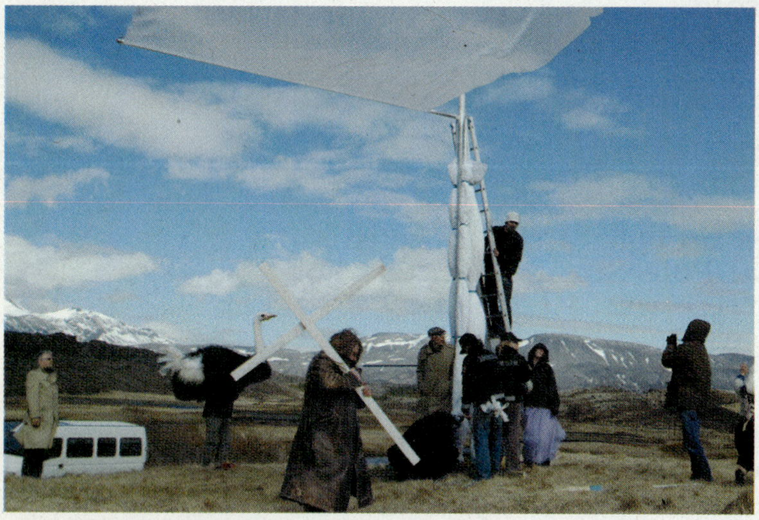

Einführung des Christentums bei gleichzeitiger Tolerierung häuslichen Heidentums

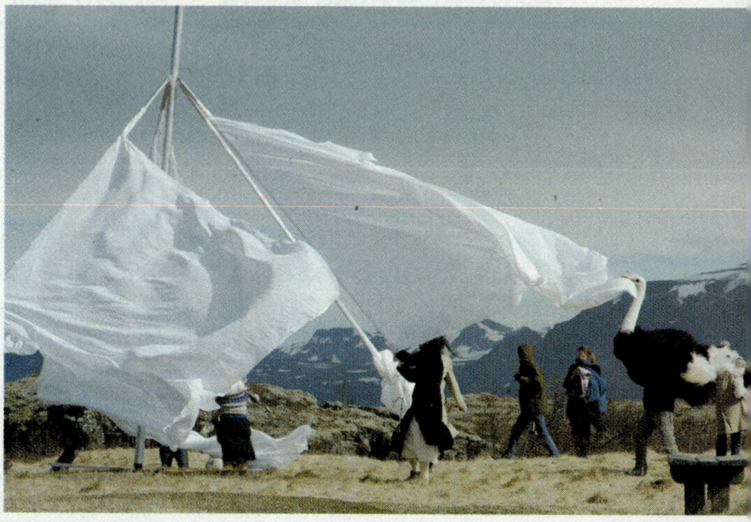

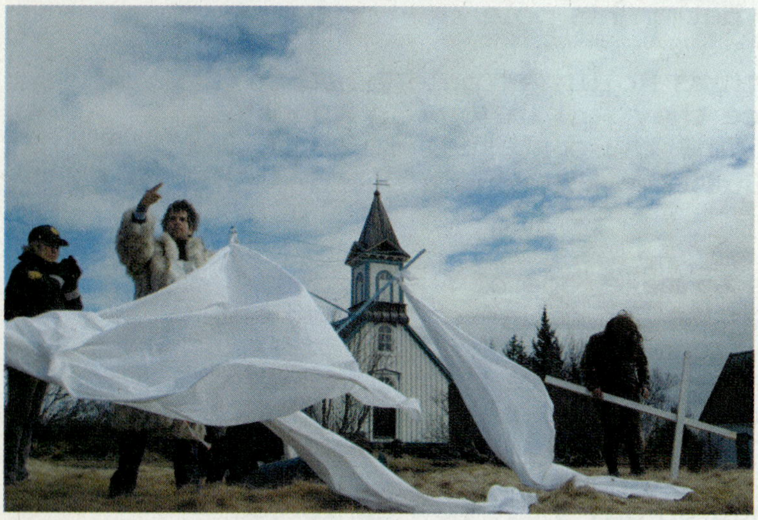

Faffner gegen Fasolt

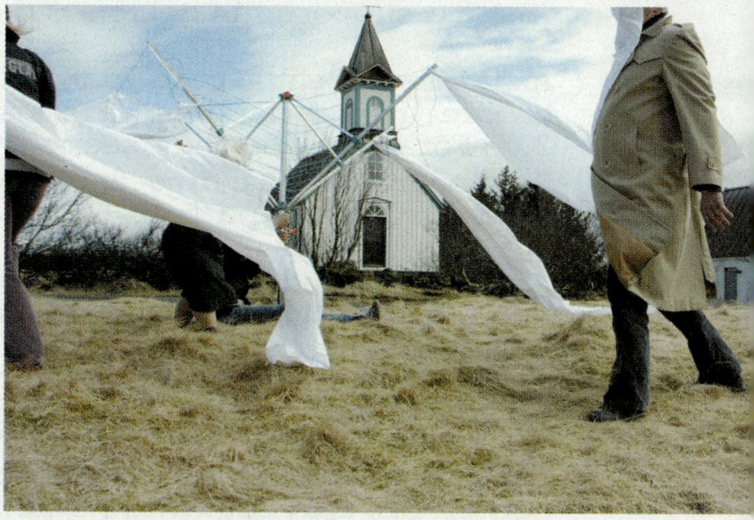

Animatographischer Wäscheständer

June 16, 2003
Day 5

From now on a pole at Giardini entrance stays empty !

After another silent night on pole 3, Renate Stauffacher decided to give up! When she announced her decision she had already made an appointment for breakfast with an unknown Japanese collector. So Renate Stauffacher is the first dropout of Church of Fear's pole-sitting competition.

Fernando R. Garcia had to leave pole 6 for exactly 14 minutes to meet the Venezuelan minister of culture. Results will be reported as soon as possible. Ralf Baumgarten, pole 4, proves to be top favourite in the competition. Both on location and in the online betting office the former priest is betters' no. 1 on winning the competition. Even on day 5 Baumgarten seems to be completely relaxed. Observers assume this might be due to his permanent consummation of music by Discman. Just now he is listening to an interpretation of Wagner's Parsifal by Glenn Gould.

Susanne Holm, pole 5, averted a nervous breakdown. The night before an unknown intruder has stolen her purse with 300 Euro cash. The resolute woman from Dresden had to be consoled by Christoph Schlingensief himself, who already plans the Church of Fear's Second Pole-Sitting Competition in Frankfurt, Germany.

Around 10 pm a sudden and heavy thunderstorm afflicted Venice and also the six remaining pole-sitters. The jury decided to accord a special break, so the competitors could dry their clothes and refresh for another 15 minutes.

Rumour has it Werner Thiel, pole 1, is quietly preparing a terrorist act to be accomplished during his stay at the Biennale. Temporarily the target of his attack remains a secret: "I came to Venice with a mission, a mission of fear. This is no game, this is no competition any more."

We are approaching the final decision, full of suspense.

June 17, 2003
Day 6

Another stormy night frightened the competitors at Biennale Giardini. Even the night watchmen ran for cover, so that the remaining six spent most of last but one night alone.

Susanne Holm, pole 5, slept only three hours and woke up totally confused. She protested against irregularities in consideration of the timekeeping. Fernando, pole 6, who stayed awake nearly the whole night calmed her down, so finally she excused herself for accusations without a cause.

Renate Stauffacher, who meanwhile has given up, visited her former opponents and gave out cups of coffee and sandwiches which she bought in the Italian pavilion. Finally she wanted to say good bye, leaving Venice towards Switzerland without her Japanese admirer.

Ralf Baumgarten, pole 4, still is the phenomenon of the 50th Biennale. He still affronts all arts and weather conditions and remains quietly on his pole - with Wagner, Gould, Mozart and other column holies of music. He remains the one and only favourite to win this extreme competition.

Even sure that they have no chance to win, Anna-Maria Behva and Matthias Rollinger, pole 2 and 7, decided to stay on their poles until the end of day 7.

For the first time Church of Fear's online betting office asserted a decline of bets. In contrast people at the Giardini are still in a real betting fever. Lots of people are betting right now to make big profit.

We will have to wait another night and day to announce Church of Fear's "Saint of Fear" and to portion out a huge amount of Euro among his supporters in front of the Lion Column, Piazza San Marco, on Wednesday 18th.

Final report

June 18, 2003
Day 7

The First International Pole-Sitting Competition is over. Great fears have led to a great success. Six competitors stayed the course. At the end of day 7 they dismount in a ritualistic ceremony, escorted by an official Venetian legation of the CHURCH of FEAR.

Accompanied by sweet music, performed by the choir of San Lorenzo di Venezia, Ralf Baumgarten descended from pole 4 to the ground. RALF BAUMGARTEN is the one and only winner and thus was solemnly declared Church of Fear's "Column holy of Modernity". Beaming with joy he accepted his certificate by the hands of congregation member Christoph Schlingensief. With great eclat he called his wife in Germany and informed her about "the happiest day since I met you". He was moved to tears and even his former opponents couldn't hide their emotions. All together they lined up for a final group picture in front of the assembled press.

Here are the competitors' COF Total's :
1. Ralf Baumgarten: 6 day 17:49 h
2. Matthias Rollinger: 6 day 16:44 h
3. Fernando R. Garcia: 6 day 16:19 h
4. Anna-Maria Behva: 6 day 16:02 h
5. Susanne Holm: 6 day 16:00 h
6. Werner Thiel: 6 day 15:12 h
7. Renate Stauffacher: ---

Church of Fear's Venetian congregation invited all participants to a great reception, followed by dinner. Baumgarten and his fellow pole-sitters were appointed "Ambassador of Fear".

Meanwhile the distribution of profits took place on Piazza San Marco. More than 350 betters attended to receive their gains. Bets have been placed amounting to a total of 42.135 Euro. The greatest profit amounting to 765,82 Euro was won by Mr. Hugo Gallego from Valencia, Spain. Half of his prize he donated to the Church of Fear.

Here are the competitors' TOTAL gains :
1. Ralf Baumgarten: 13.081 Euro
2. Matthias Rollinger: 2.736 Euro
3. Fernando R. Garcia: 2.334 Euro
4. Anna-Maria Behva: 2.503 Euro
5. Susanne Holm: 630 Euro
6. Werner Thiel: 1.106 Euro
7. Renate Stauffacher: 1.002 Euro

The Church of Fear would like to thank all participants and helpers, who made the Church's first public appearance such a huge success and the Pole-Sitting Competition at Giardini the most discussed event of 50th Biennale.

The CHURCH of FEAR has already started to prepare The Second International Pole-Sitting Competition in Frankfurt on September 15th. Further information you will soon find on this website. Because of high demand CHURCH of FEAR decided to open a second website shortly on www.church-of-fear.net.

The CHURCH of FEAR declares The First International Pole-Sitting Competition ended.

You sleepers of the world, see you in Frankfurt 2003 !

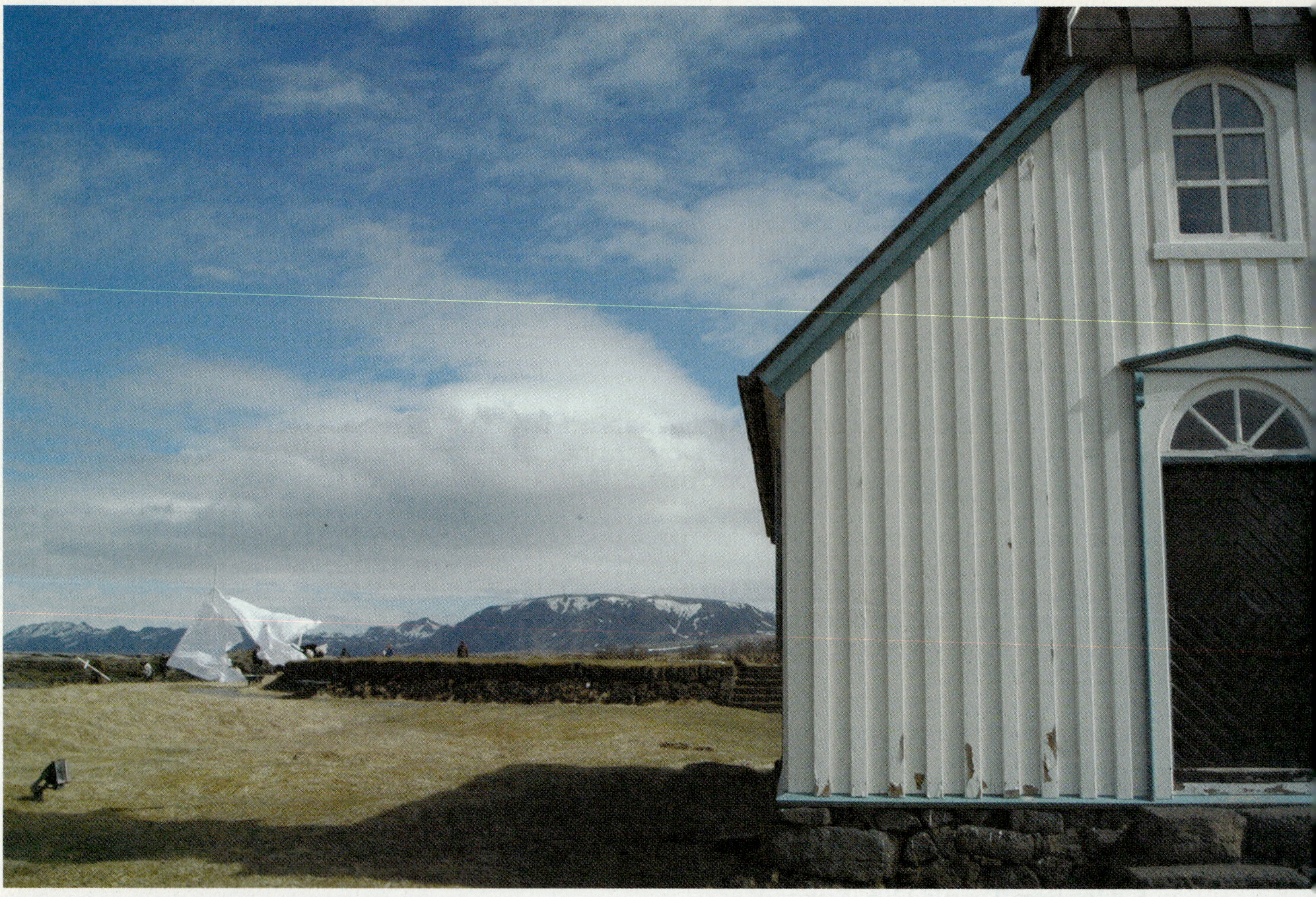

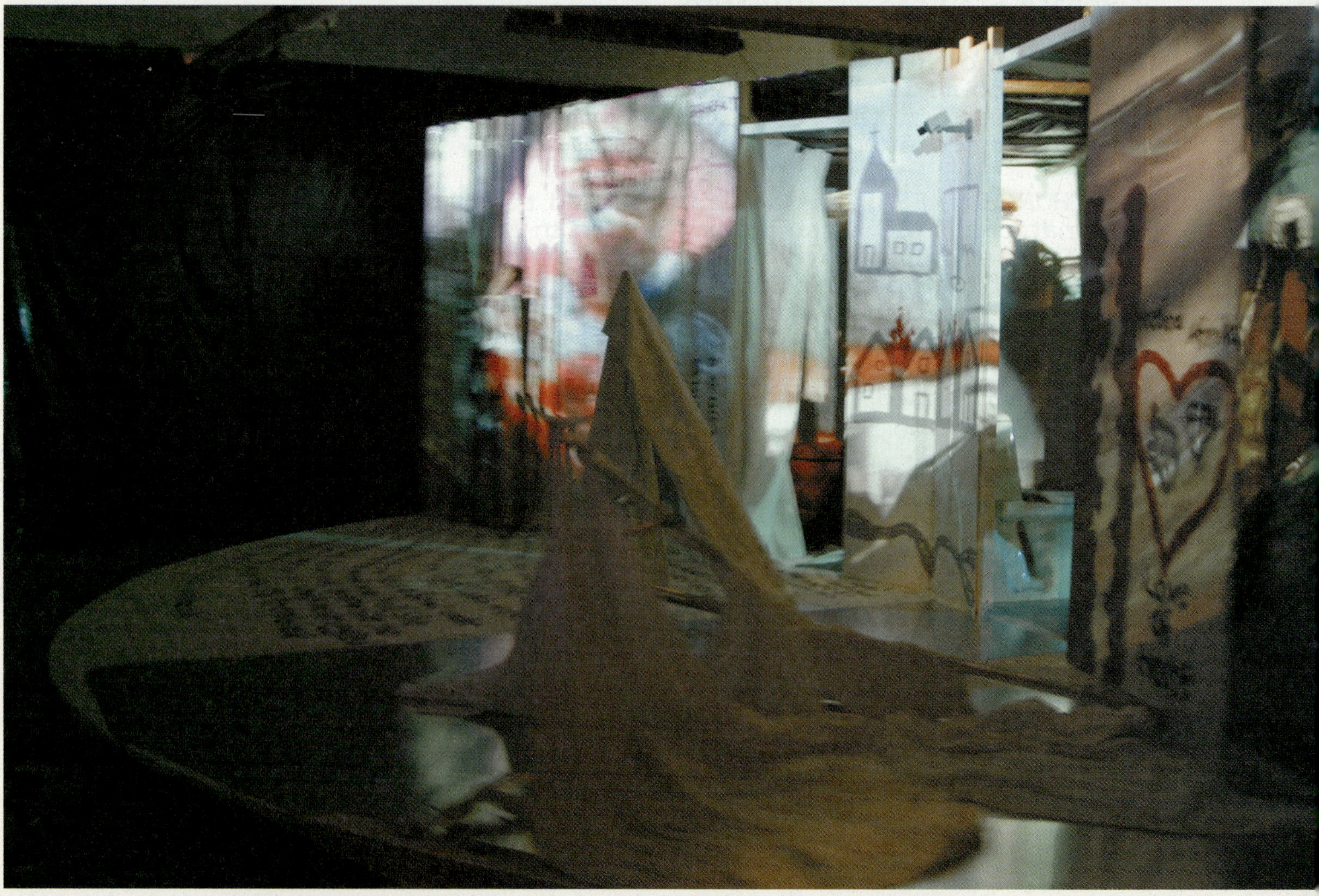

DER EMMAUS-EFFEKT oder Das Wunder von Pingvellir

Schlingensiefs Prozession von der Church of Fear zur Animatographischen Kathedrale

von Jörg van der Horst

Die CHURCH OF FEAR, die sich im Untertitel als „Internationale Vereinigung von Terrorgeschädigten" zu erkennen gibt, trat Ende 2oo3/Anfang 2oo4 aus Anlaß der Inszenierungen BAMBILAND (Burgtheater Wien) und ATTABAMBI-PORNOLAND (Schauspielhaus Zürich), dem zweiten und dritten Teil der ATTA-Trilogie von Christoph Schlingensief, letztmals offiziell in Erscheinung. Nach Straßenaktionen und Prozessionen, nach Meßfeiern und Pfahlsitzwettbewerben in Venedig, Katmandu und Frankfurt am Main kehrte sie anschließend dahin zurück, wo sie am 2o. März 2oo3 hergekommen war: in den Untergrund. Auf dem Weg nach Bayreuth, wo Schlingensief im Sommer 2oo4 Wagners PARSIFAL neu inszenierte, übergab er die Arbeit der COF in die Hände der Nicht-Gläubigen aus den mittlerweile weltweit agierenden Basisgemeinden. Die Angstkirche verließ endgültig den Kunstraum. Für ihre Mitglieder begann die Alltagsarbeit im Widerstand, die von Ästhetik befreite Mission gegen den globalen Staatsterror. Anfang Mai 2oo5 geschieht im fernen Island ein Wunder…

Schlingensief bereist die von der Zeit vergessene Insel auf der Suche nach Motiven für sein aktuelles Projekt DER ANIMATOGRAPH. Gemeinsam mit seinem Filmteam und Schauspielern des Isländischen Nationaltheaters macht er Station in Pingvellir, der nationalen Gedenk- und Kultstätte 35 Kilometer östlich von Reykjavik. Vor über 1ooo Jahren trat hier das Althing der Wikinger zusammen und legte damit einen Grundstein des heutigen Parlamentarismus (oder dessen, was wir davon übrig gelassen haben). Das moderne Island zelebriert in Pingvellir seine wichtigsten Festtage. Energetische Aufladung erfährt der Ort, eine ungewöhnliche Mischung aus Wallfahrtsstätte und Stonehenge, durch die eurasische und die amerikanische Kontinentalplatte, die dort aus dem Erdinneren hervortreten und jährlich acht Millimeter auseinanderdriften. Pingvellir also ist mehr als ein dankbares Filmset vor vulkanischer Kulisse. Naturgesetze treffen auf politische Ordnung, Urzeitchaos auf Verwaltungsmaßnahmen. Allein seine vielen Symboliken machen Pingvellir zu einem mythologischen Muß für den ANIMATOGRAPHEN, eine begehbare Installation, innerhalb derer Schlingensief seine Aktionsfelder Film, Theater, Performance und Oper zu einer übergeordneten und allgemein zugänglichen Aktionskunst verschmelzen läßt. Im übertragenen Sinne handelt es sich bei der dem Theater explantierten Drehbühne um eine „aktionistische Fotoplatte" (Schlingensief), die auf ihr vollzogene Ereignisse und Erfahrungen bannt und die aktionistisch, filmisch, fotografisch, sprachlich und tonal gesammelten Dokumente projiziert. Als zeitloses Zeitzeugnis sollen auch die Dreharbeiten in Pingvellir in die Präsentation des ANIMATOGRAPHEN einfließen, der sich unter dem Titel „Island Edition: House of Obsession" vom 13. bis 15. Mai in Reykjaviks Kunst- und Kulturzentrum Klink & Bank dreht.

Wo nationale Stätten weltweit durch repräsentative Bauten und ausladende Architektur erdrückt werden, glänzt Pingvellir durch eine unscheinbare Holzkirche. Dementsprechend dient sie Schlingensiefs deutsch-isländischem Ensemble zunächst lediglich als Hintergrund, bis sich anhand einer Info-Tafel eher zufällig herausstellt, daß es sich dabei um eine authentische Angstkirche handelt. Der ANIMATOGRAPH stößt auf die CHURCH OF FEAR. Ein Wunder ist geschehen, das neben Schlingensief & Ensemble exakt 21 anwesende Touristen aus fünf Ländern bezeugen können! Aus dem venezianischen Glutofen des Sommers 2oo3, in dem sich die COF anläßlich der 5o. Kunstbiennale erstmals zeigte, sind die Terrorgeschädigten, „denen das Glauben mißlungen ist", bis ins windige, kalte Island vorgestoßen. Wie von Odin navigiert ist der ANIMATOGRAPH nun dort auf die CHURCH OF FEAR gestoßen, ist Schlingensief zu Schlingensief zurückgekehrt. Eine unheimliche Begegnung der dritten Art, paranormale Erscheinung oder ein kunstfertiger Kurzschluß vor historischer Szene? Viel mehr und dabei viel schlichter: Eine ästhetische Koexistenz, wie sie im Fluß der Projekte für Schlingensiefs Arbeiten kennzeichnend ist.
Ein Wunder ist geschehen – und läßt sich doch natürlich herleiten: **Die Drehkraft (Animatograph) ist die Wirkung auf einen Körper (hier: Church of Fear), die zu einer Drehbeschleunigung des Körpers um eine Achse (Schlingensief) führt.** Das ist die Physik der Kunst, der Emmaus-Effekt. Ein fortlaufendes Experiment, das für Schlingensief, den Kollisions- und Transformationskünstler, nicht anormal ist.

Die nächsten Editionen des ANIMATOGRAPHEN finden statt im August 2oo5 in Neuhardenberg bei Berlin, anschließend in Nautilus/Namibia und am Wiener Burgtheater.

CHURCH OF FEAR

Internationale Dachgemeinschaft für Sekten und Religionsgemeinschaften.
Gemeinschaft aller Terrorgeschädigten

ANTRAG AUF GRÜNDUNG EINER GEMEINDE DER CHURCH OF FEAR

Sehr verehrte Antragstellerin, sehr geehrter Antragsteller,

über Ihr Interesse an einer Mitgliedschaft in der CHURCH of FEAR hinaus bekunden Sie mit diesem Formular Ihre Absicht, eine eigene Gemeinde der CHURCH of FEAR zu gründen. Wir möchten Sie bitten, den Antrag leserlich und nach bestem Wissen und Gewissen auszufüllen, da Ihre Angaben Verbindlichkeit besitzen.

A. ANGABEN ZUR PERSON DES ANTRAGSSTELLERS

Name __________
Vorname __________
Personalausweis-Nr. __________
Alter __________
Konfession __________

Beruf __________
Geschlecht: ❑ Männlich ❑ Weiblich
Anschrift __________
Telefonnummer __________
E-Mail __________

B. ANGABEN ZUR BEANTRAGTEN GEMEINDEGRÜNDUNG

Die Gemeinde trägt im Obertitel die Bezeichnung COF zzgl. des Gemeindeortes und heißt demnach:

COF __________

Die Gemeinde kann einen Untertitel erhalten. Sofern dies gewünscht ist, soll die Gemeinde im Untertitel heißen:

____

Sofern über den Antragsteller hinaus Gründungsmitglieder vorhanden sind, geben Sie bitte deren Anzahl an.

____ Mitglieder

C. VERPFLICHTUNGSERKLÄRUNG DES ANTRAGSTELLERS

Hiermit verpflichte ich mich...

1. zum provisorischen Vorsitz der von mir beantragten Gemeinde bis zur Wahl eines ordentlichen Vorstands.
2. zur 14tägigen Berichterstattung über die Gemeindearbeit unter holy@church-of-fear.net.
3. zur Ausübung persönlichen Terrors binnen 6 Wochen nach Antragstellung (Datum s.u.).
4. zur fotografischen sowie schriftlichen Dokumentation dieses und aller weiteren Anschläge unter holy@church-of-fear.net. Mit der Veröffentlichung meiner Berichte und Fotografien unter www.churchoffear.net und mit der Weitergabe meiner Kontaktadresse an Dritte, die der Gemeinde beitreten wollen, bin ich einverstanden.

__________ __________

Ort, Datum Unterschrift Antragsteller

"Just a brushstroke ..."

Christoph Schlingensief interviewed by Alice Koegel, on the occasion of the exhibition *Church of Fear* at Museum Ludwig, Cologne, from 29 July to 30 October 2005

Alice Koegel (AK): The starting place for the *Church of Fear* was one of the centres of the art industry, the Venice Biennale. What, in contrast to your other fields of work in film, theatre and television, attracts you about the art industry?

Christoph Schlingensief (CS): The founding act of the *Church of Fear* was a private act. Discussions with Boris Groys and Alexander Kluge about fear and the instrumentalization of fear prepared its founding. During my guest professorship at the Hochschule für Gestaltung (Academy for Design) Karlsruhe, I brought up the project and began to think more about it. On top of that there were sentimental feelings. During my performance, *Please Love Austria – First Austrian Coalition Week*, in Vienna in June 2000, people were able to participate actively. The artistic performance, however, also meant a certain torment. It had become so autonomous that I and some others had been declared fair game – for the media, for local politics, for the police ... Following it the idea occurred to me of organizing a pole-sitting as I had organized once before in 1998 in Graz with homeless people. They no longer sat humbled on the ground with their collection boxes, but sat on poles, high above all the others. Every evening at 5 p.m. I showered them from a helicopter with 7,000 Austrian shillings, roughly 1,000 Deutsche marks, in 20 shilling notes. On the first day people only asked what this nonsense was about. On the third day there were already fights on the street over the 20 shilling notes. A marvellous image: the humbled person was suddenly sitting above the rest, looking down upon the people who, with their economic interests, were fighting over 20 shilling notes. That stuck in my mind. We also celebrated Fluxus masses there. The whole thing was thus also religiously charged. Up to the realization of the more recent pole-sitting as a kind of competitive sport a few years went by, and then the invitation to the Venice Biennale arrived. Of course I was glad and thought, great, let's go there. We had already been at documenta X and with *Chance 2000* at the Berlin Biennale, thus in an area I had always found latently exciting because in Joseph Beuys and Dieter Roth I had already discovered a lot of points of reference for myself. Preferably we would have liked to have done the pole-sitting contest in Venice in the middle of the town, but this was blocked by the city administration with the argument that it would be too dangerous, and tourists and terrorists could not be distinguished from one another there. Then there was a square for us in the garden at Arsenale. At first I planned to set up a tent there with a live transmission from the pole-sitting contest in the inner city. But there was no money for that. When I went through the still completely empty garden in Arsenale, where digging was under way, bells were chiming and I saw a church behind a wall, and the idea occurred to me that that would be the right place to erect a church building. Then we asked ourselves whether we were opening up a Catholic church there or a Baptist hut. In the founding phases of the *Church of Fear* we had not thought about that. It was a joining together of all people with fear. It was a matter of religion as a surface for fear, as a surface that arises from fear, as a tool of fear. The gallery Hauser & Wirth supported the project and suddenly it had a life of its own. We thought about how the church should look and made sketches. I downloaded photos from the internet but also made photos of two or three churches myself, including a completely dilapidated hut which I had seen on a poster at Frankfurt Airport. On the poster it said, "This is one of your branch offices which you help to finance each year". It was a campaign of one of those outfits which always come along just before companies go broke in order then first of all to fire a thousand people. But also the invitation to the Bayreuth Festival and the inner reinforcement from having to occupy myself with compassion, salvation and the quest for the Holy Grail played a role in the development of the *Church of Fear* project. There were a lot of strange cross-connections, but without any of them being forced. For me that's always fun. I also like using the internet because a forum can always be formed. We searched the internet for voodoo and marriage churches and also found a purely virtual church in which you could immediately appoint yourself as a priest with a certificate. There is an enormous market there. I have also always collected sect videos, such as in Africa from the IPCC, the International Pentecostal Church of Christ. Of course the 11th of September also played a role, the disbelief that three and a half thousand people there were supposed to be the reason for falling into a permanent state of fear here, with all respect for the disaster that had taken place there. In the final phase there came a telephone call from the director of the Biennale, Francesco Bonami, who wanted to position the poles at the entrance to the Giardini, there where the country pavilions are situated. That was a day of crisis for me because, on the one hand, I thought it was fabulous that he wanted to push us forward into centre stage. The terrain is a tabernacle in itself at which the curators do a lot of business so that you can be a disturbance there. On the other hand, I did not want to be a disturbance, but simply wanted the pole-sitting situation which was to be transmitted to the church. These two situations, pole-sitting and wooden church, Alpha and Omega, belong together. A lot of people commented that I am in the art domain and I said straightaway, "Yes, I am in the art zoo. Now you can look at me behind bars". I have a great need to free myself from obvious contexts. To consider strategically how things can be ignited, I can do quite well, but that was no longer the issue at all. The aim of the *Church of Fear* is after all the confession of fear, to put fear on show. Now we were standing with the church in the art zoo. The art space interests me very much already because it also comports itself almost like a sect. I also like it because there are various tinkerers active in it who try with some shit or other to calm themselves down or stage themselves and who in turn meet people who stream out like the twelve apostles and announce to the world, "We have found a new saint!". Some of them then stand in front of enormous installations and ask, "What will I get for this little bone?" or "What do I have to pay for the little bone?". That's a lovely image in which I feel really free. The wooden church of the *Church of Fear* in the domain of art at the Biennale or in Museum Ludwig, however, is also interesting for me because it has become charged on location through external circumstances and worlds of images which I have not been able to correct. It is ultimately a model which I enter. It is not a proper cathedral, but it looks a bit like one. There a mechanism of memory and simultaneously a mechanism of vitalization start working.

AK: So for you the offer was not associated with the necessity of using the art space.

CS: Yes, the art space was not indispensable for me, but just a surface. Venice as a city full of churches, of course, was wonderful. Following the Biennale I got to know other worlds of gods during a journey to Nepal. Naturally that also plays a role, where you find a sponsor or a patron who simply says, "Here's the money, pack up the church, travel to Bhaktapur, exhibit it on the market-place and have the muezzin call out for four weeks. Afterwards we will look at what it then looks like". There would be rice inside; people would have attached little bells to it. Someone would probably have thrown red paint on it and perhaps vomited rice schnapps against it during the night. Of course, such conditions would be fantastic. I would like to be a millionaire, not to sail my yacht around the world, but to commission a transportation company and a team to take things somewhere in order then to see how they were there. Properly speaking, I seem to be like a researcher. I would only have to win the lottery once for helicopters to be flying hither and thither with churches, and the *Animatographs* would be in Bangladesh or on Ground Zero and we would look to see what happened.

AK: Apropos expedition, proceeding from the Biennale, the *Church of Fear*, which was planned as a construction in the art and media space, has with full awareness gone onto the streets. Why then the temporarily recall actions into the culture industry, into Bockenheimer Depot in Frankfurt, the Burgtheater in Vienna or the Schauspielhaus Zurich?

CS: Bockenheimer Depot was a mistake. We should have gone straightaway to the Hauptwache where the pole-sitting subsequently took place. But Frankfurt is therefore also very interesting. That was actually the moment in which I only got through with pseudo-religious thoughts and voodoo. A lot of my beliefs have been destroyed during my life. I don't mean only the Catholicism, but peculiarities of my life which of course I myself have also destroyed. Therefore I put together the things myself and no longer rely on someone explaining to me how it all works. On the other hand, I have always been interested in meeting people who provide explanations which at first do not seem to me to be completely clear, but which are not dogmatic. Going to Bockenheimer Depot was the attempt to make direct contact with the fear which I had lost in 1998 at *Chance 2000* and which I only rediscovered on my subsequent journey into the desert of Namibia, to Zimbabwe, Zambia and South Africa. There I was lying in bed at night bathed in sweat because I was afraid of snakes and insects. Suddenly there was no longer the fear of the government, of mother or a failed premiere, but of an insect with a small sting which simply stung my foot. They were fundamental, very important mechanisms of fear. My lesson from that was to damn well avoid a hectic life, to simply allow things to happen and to look on to see how they develop. With the *Church of Fear* we thus wandered from the cathedral square in Cologne in the direction of Bockenheimer Depot in Frankfurt. In Cologne there were perhaps 15 or 20 people there. Our team consisted of ten people. Of these 15 or 20 other people seven went home straightaway because they thought that the procession was a prank; that we perhaps would break off a piece of stone from the cathedral and then travel on to Frankfurt on the InterCity Express. I have no idea what they thought. I simply pulled a wooden cart along behind me. Admittedly, at that time I pretended optimism to myself along the lines of, "It's fine if nobody comes along. After all, we're only doing it for ourselves". But inside the old Schlingensief was rumbling, who said, "Great! The cathedral square was jampacked. And all because of us!". We then marched off along the Rhine. Wandering with the wooden cart which slowly makes the body tired was simply stupendous and a purification. On and on, up hill and down dale. I was thinking about *Parsifal* the whole time. Roving became softer and softer, more and more beautiful. We were really like a group of pilgrims. Once someone brought us open sandwiches; another time someone brought us a ditty. At some point we became indifferent to whether there were many or few coming along. We were the roamers, completely intimate among ourselves. When we arrived at Bockenheimer Depot in Frankfurt, there were suddenly thousands of people, TV cameras, photo cameras and the expectation, "Now the rocket is about to go off!". We were immediately under the magnifying glasses, telescopes, binoculars of everybody involved. Under pressure, inside I then began to preach. Utter nonsense! I walked in a circle. In the corner there was a table at which soup was being cooked and eaten. That is what it should have been, a cosy evening meal. Instead of that, this fuss. Acting under pressure was a pure declaration of capitulation. Others saw it differently, but for me this evening was completely terrible. Even more terrible, the next evening the whole performance was to be repeated. But then we consulted with each other and on the second evening we went into the pedestrian zone to set up the poles. Only there did the action regain its dynamic which, however, was already almost predictable. Nevertheless I liked it very much. That was an International Catholic Youth Day, but a very turbulent one. I believe that there the Pope would really have learnt something. Things really happened. Someone from the church interfered and said that one should not propagate fear, that that's just a ploy. The others thought it was great. I liked the *Church of Fear* performance in Bhaktapur in Nepal very much because there, of course, it was completely alien. If I do something like that here in Germany, every time I am totally destroyed inside. Naturally, at the opening of the *Church of Fear* on the roof terrace of Museum Ludwig, there were disappointed faces along the lines of, "Why doesn't he now shit on the cross, scream blasphemies across the square to the cathedral or tell Pope jokes?". But it was just the right thing to slow the project down in the museum. There a charging with energy only takes place over time and through the people who engage critically with the *Church of Fear*.

AK: From the spontaneous founding of the *Church of Fear* at that time arose an approved project of the Federal Cultural Foundation with you as the artistic director.

CS: Yes, the Federal Cultural Foundation financed it.

AK: What do you say to the criticism that the *Church of Fear* is ultimately just another artistic director perk with the participation of laypersons?

CS: I am extremely relaxed about it because I am not interested in giving defensive speeches. People always expect that an individual will try to position himself in the foreground. I can, of course, live as a hermit in the desert and hew small Churches of Fear from blocks of stone and not speak about it, not do anything, not make it into a topic of controversy, just live in it. For me that is not the ideal state of affairs. I have to speak about it and look to see whether people are interested. That is my completely personal Tourette syndrome. If I am afraid, I have to speak about it. If I know that in a certain moment I must not make any mistake, then I have to make it, then I have to behave badly. There is a compulsion, and obsession behind it which cannot be managed. With the *Church of Fear*, I cannot be interested in whether someone accuses me of making an exclusive claim on fear for myself. Perhaps that is even a good state of affairs. Let them say, "This stupid Schlingensief takes fear, monopolizes it and turns it into a kind of fad," for it really is a matter of monopolizing fear. In this way, perhaps they will come to speak about their own fear. It is an opening and a hope that fear exists everywhere. It is the elixir of life. Anyone who tries to misuse it for his own purposes has to be fought against. I am a catalyst for this. Thus anyone who says, "Schlingensief has monopolized fear, and for this he has to be annihilated, 'Kill Schlingensief!'", has understood the concern of the *Church of Fear*. And at least I will get my own church and an isosceles cross.

AK: Even more than a co-initiator of the *Church of Fear*, you seem to be its Pope or ambassador. Without this status, there would have been no transfer of the work of the *Church of Fear* from you to the members of the congregation and groups of sympathizers as happened before your arrival in Bayreuth to stage your *Parsifal* in the summer of 2004? And also in the museum the credit reads: Christoph Schlingensief. How do you see your role in the *Church of Fear* past and present?

CS: Independently of my own activity in the congregation, the *Church of Fear* is always present, but not because I constantly cultivate it and look to see where it can be positioned. It is like an experimental object, like a photographic plate which has been exposed in the course of time and is being further exposed in the Museum Ludwig. It is gradually becoming older and a little bit brittle. The wood, I hope, is starting to rot. The *Church of Fear* does not need any church building. There are already five, six or seven of them. In Wingsbach alone there are two wooden churches; in Bayreuth there is a wooden chapel. More important than a group exhibition of all these churches would be for somebody to designate a high chair or a telephone booth or their bower as a building of the *Church of Fear*. The *Church of Fear* remains intact for me inwardly as a thought. In contrast to earlier on, today I put a lot more emphasis on visiting things, taking them out once again and seeing what time can do, what its effects are in both a positive and negative sense. The *Church of Fear* is an image for this. It is not a matter of skilful provocation of the World Youth Day in Cologne, as reported, say, by dpa. Of course, I would have been able to do that, but the *Church of Fear* does not belong to me and my thoughts are already with my further commitments in Bayreuth and my dreams are once again in Africa. It is quite possible that if the situation had been otherwise, I could have cropped up on the cathedral square in another guise and started a discussion. But I am not as inflammable as I was previously; I have become more stirrable. I am not a preacher of hate or courage, nor a wandering preacher. The *Church of Fear* is sufficient for me as an argument, as a congregation point for changing groups of people who can reassure themselves there that fear exists, that fear has not disappeared, that things will become even more violent, that individual acts of terror are under way, and that possibly we have completely overlooked the terror constantly being exercised by governments and social systems to instrumentalize our fear. If one could find a formula to compare the terror which a state exercises with the terror exercised by terrorists in New York or London, then the New York or London 'events', as terrible as they were, would be only the fragment of a finger nail, whereas state terror would be the whole hand. But we do not have such a formula, not yet. Thus the web site of the *Church of Fear* is more important for me, its presentation in Museum Ludwig or the performance in Vienna, *Please Love Austria*, because they archive something. However, the museum has yet another aspect because, as an enormous archive, it claims that it is protecting something that deserves protection and is put into a larger context. Theatre always only puts itself into context. It is a fashion article whose salespeople say, "We are now celebrating Rilke year, Shakespeare year, Schiller year. We'll put a couple of celebrities on stage, read Schiller's *Die Glocke* out loud the whole night through and show people that we are modern ..." Accordingly, plays are quickly transported to the present day, Mother Courage is now in the Iraq war, pulling her cart through Baghdad. That is utter nonsense and a total loss of memory. In the museum I am also interested in the basement where the paintings are stored which are not wanted at the moment to be shown. In the Munich Haus der Kunst I am interested in the catalogue cards which record what Hitler, 36 hours before the opening of the exhibition, had removed for the show *Entartete Kunst (Degenerate Art)* in the adjacent arcades of the court garden. The *Church of Fear* will hopefully work in the very long run just like that, namely, like a memory. Fear is its elixir of life, memory is its elixir of survival, in order every now and then to put itself in the way of some politicians or other preachers, and to say, "Before you tell me that you have been called by God to wage this war, please read www.church-of-fear.net or visit Museum Ludwig!".

AK: Doesn't the *Church of Fear* lose something of its experimental character in the museum? By reconstructing its information centre on the roof of Museum Ludwig, it is nevertheless again or even more aesthetically charged.

CS: The *Church of Fear* is not tied to the wooden building. Basically, Beuys also founded a religious group, the Beuysians. But that does not mean that they live in the museum in the fatty corner. In the museum, I can instead still look at a piece of fat which has long since ceased to be the fat with which Beuys worked. Nevertheless, it is the piece of fat. If I then engage more closely with his theory, then it can have the significance of a social sculpture. Through his theory, Beuys has set up a lot of projection surfaces which I, too, do not want to exclude. If you place an object in the public domain, then it can be charged energetically and used. But sometimes it is also good to place it in a space like the museum in order at least to understand one of its projection surfaces once again as a fragment. In Museum Ludwig there is only a relic, a lone, small church, not the entire *Church of Fear*. The little Church is perhaps its first, but who knows that precisely? Perhaps Beuys or Mrs Jones have already built churches. In the allotment garden in Tegel there are also a couple of small models of churches as bird baths.

AK: That's my point. The *Church of Fear* is materialized first of all not in an object that demands to be exhibited. Rather, it lives from the practical, artistic, socio-sculptural negotiation with groups of Weltanschauungen. What controversial discussion of the *Church of Fear* do you hope for when its congregation point is transported into the museum?

CS: The *Church of Fear* is not in the museum at all. The *Church of Fear* is not the guest of the museum, but just a brushstroke of the entire painting of the Church. When paintings by artists are hung in the museum, the museum has leased five brushstrokes, but not the context of the artist who has to decide whether he or she wants to be an avant-garde artist or a martyr. Beuys made himself into a martyr and therefore retired from the scene. The museum believes that with a brushstroke it had at once the entire theory or the entire person. At best, it is the artist who says, "Well, my work should be hung in the museum because there it is in very good keeping". But only when a connection between my work and the exhibition place has come about, do I feel myself involved as an artist. Of course, the *Church of Fear* suddenly gains in the value-system of the museum a small form of respect, an appreciation of value and an anchoring in memory. But the wooden church on the roof terrace of the museum is nevertheless just a brushstroke. As far as the museum aspect is concerned, I do not have any great ambitions to imagine that for the last ten years of my life I would be honoured as the 'artist Schlingensief'. However, I would just love to be a small mouse and find out what, say, happens with my films after my death, whether they will still be shown and how people react to them. But back to the *Church of Fear*. It is properly speaking a model for a church for extraterrestrial beings. Everything I do is for extraterrestrial aliens. The Earth is hopelessly lost anyway. When the aliens come, then they should, with all their energy, gather lots of false information. They will run into the Catholic churches and think, "Ah, there is another one, and another one, and yet another one ..." Then they will run into the *Church of Fear* and suddenly will no longer know what kind of faith that is supposed to have been in which they find, next to or on top of one another, a pug arse-hole, a voodoo mask and a rotting hare. And from on high they can still hear the muezzin calling. The image I offer them is that of a very versatile religious community which was afraid. Then I would be interested in seeing which of these two churches the aliens would tend to join. The *Church of Fear* does not do away with fear on Earth, good or bad conscience. Responsibility for oneself and also the confession of one's own fear probably can be learnt just as little as compassion. If we were teachers for this method, then we would claim something which we ourselves do not have within our grasp.

AK: In Iceland during your work on your most recent project, *The Animatograph* – an "activist photographic plate", as you call it, which captures what happens on it – you made an interesting discovery for the *Church of Fear*.

CS: In times of waiting I have more time than usual on my hands. When I then succeed in opening the door and – this is not intended esoterically – a need for caring for the Earth arises, then I feel currents to which I have opened myself like in voodoo. These forces can ride me. When I am under way and do not travel to a point about which I already know beforehand that something is to be seen at that point, but leave the official road and turn into a byroad or off into the bush, then the best things happen for me. In Iceland that is precisely what happened to me. I had already been there once in 1989 to show my film *Das deutsche Kettensägenmassaker (The German Chain-Saw Massacre)*. Even at that time I had a bit of a look around on the island and was at the geysers. At that time the large geyser still existed which has now lost its strength because someone poured washing powder into it. When I was there for the second time in May 2005 to show

The Animatograph at the Reykjavík Art Festival in the art and culture centre, Klink & Bank, I again travelled around the island. I did not want to just bring along the Vienna container and position it here like other artists who unpack their paintings and hang them on the wall. I need the fields of energy which are present at a location. In Iceland these energy fields were enormous. Suddenly everything went in another direction than planned when we approached Þingvellir on our journey around the island. Þingvellir is the place at which in the year 930 A.D. the first democratic parliament was set up which in turn introduced Christianity whilst at the same time tolerating domestic paganism. At home you can do what you like, but officially you are nonetheless a Christian. At that time people thought this was quite a good solution. In Iceland only a single witch was burned! Without knowing about this background, I travelled to this place. It was amazing! There was suddenly a church which looks like the wooden church of the *Church of Fear*, and the whole thing precisely at the location where the Icelandic parliament was founded, situated in a gap in the Earth at which the Eurasian and American continental plates drift apart eight millimetres annually. I asked myself, "How did my *Church of Fear* get here? Why did I not find it earlier? Have I now found the church or has the church now found me?". Those are moments in which I sit up and listen. In Þingvellir I have set up a windmill for democracy, an oversized clothes-line, four-and-a-half metres high with enormous cloths on it. The fluttering cloths are for me an image of democracy. They are my Duchamp pissoir. In the meantime this image has asserted itself. In every garden there is an exhibition of such animatographic clothes-lines. All this has gone into my project, *The Animatograph*. This is similar to the *Church of Fear* which in Iceland comes across the *Animatograph*.

AK: Fear, you say, is the productive force for all your productions. Is the *Church of Fear* therefore a kind of point of culmination or central project for you?

CS: The suggestion is plausible because fear is already openly expressed in the title of the project. Anything else with regard to the glad tidings of the *Church of Fear* – "Have fear!" – would have been wrong. But it is nonetheless not a central project. I do not have any central project. Of course, each current work always stands at the focus of attention, but also so that I do not miss the connection with previous works and so that it offers coming works an opportunity of also linking up. Contrary to public perception, *Parsifal*, too, is not a central project. All works are fluid. Therefore, the *Church of Fear* also crops up in *Parsifal* 2004, and therefore *Parsifal* crops up in *The Animatograph*, and therefore a model of the *Animatograph* stands on the stage of *Parsifal* 2005. The fact that on Iceland there is a *Church of Fear* precisely at the point where we are working on *The Animatograph* cannot, after all, be coincidental.

AK: Has the *Church of Fear* been absorbed by the *Animatograph*? Has it been animatographically converted?

CS: The *Church of Fear* has not been concluded. It continues. Perhaps it is even an old-age welfare benefit. At the latest after the first atomic flash in London, New York or Cologne, the *Church of Fear* will develop further in a noticeable way. But you do not have to do anything for this to happen. Properly speaking, we should try to set up a *Church of Fear* in Iraq. But my nerves are not strong enough for that. Somebody else would have to do it. Perhaps there are collectors from Iraq who want to realize that. The *Church of Fear* has by no means been completed. It is a part of memory, also of the memory of incidents which have not yet happened at all. There are images which have to be founded, found or realized. And once they are there, you can always refer back to them. "Without darkness there is no movement!" can be heard in *The Animatograph*. The *Church of Fear*, too, only works in the dark which still surrounds us. I think it's great to observe that. And when it gets mouldy and starts to crumble, no restorer must be allowed to come. The topic of the *Church of Fear* is thus not over. It would be great to extend the internet forum of the *Church of Fear* and to make it accessible in all sorts of languages. It is long overdue to discuss in such a forum whether Jesus is related to Mohammed. The churches do not realize any oecumenical thoughts, but the *Church of Fear* does. This is different from the monopolists who in the end take flight with the secret of Fatima and say, "We cannot speak about everything". The *Church of Fear* has to do with each and every individual which ultimately is the mystery itself.

AK: It would be a fine thing if you yourself could not decide about an end of the *Church of Fear* because in the meantime the *Church of Fear* belonged to others, wouldn't it?

CS: That's absolutely right. I also do not feel obliged to guarantee that it lives on. But I would use all the options on offer to bring the microphone from the church pulpit into the congregation, to multiply it in a certain way. In this church it is not Schlingensief who has the microphone. It is an omnidirectional microphone. I would like to sit in and listen to how the discussions unfold at the grass roots of fear, to hear what people are doing who confess their fear. Perhaps I would then write something every now and again under a false name in the internet forum. After its founding, we handed over the *Church of Fear*. But it has not come to an end, even though it has repeatedly been identified by the mechanism of the media with just one person and this person's actions in connection with the *Church of Fear*. That is not a problem of the *Church of Fear*. It is a problem of the media which, however, does not really affect me and in the long run does not represent any danger for the *Church of Fear*. I did not invent fear.

„Habemus Angst" –
Die bekennende Kunst der *Church of Fear*

JÖRG VAN DER HORST

Glaubenssysteme (Kirchen, Religionsgemeinschaften, Sekten...) werden zu jeder Zeit vor allem durch Krieg und Krankheit, Verlust und Frustration, kurz: durch Produzenten der Angst hervorgebracht. Schon diesbezüglich ist Arthur Schopenhauers *Welt als Wille und Vorstellung* identisch mit der unseren. Es ist unsere Vorstellung von einer Welt, die geradewegs und sorgenfrei funktioniert, in der das Fernsehen, sofern eine solche Welt Fernsehen überhaupt kennt, keine Armuts- und Attentatsbilder reproduziert. Schließlich ist es eine Welt, die lug- und truglos wahr, im Kleinsten wie im Gesamtorganismus gesund ist. Schöne heile Welt ... Der Wille jedes Einzelnen von uns, sich selbst zu behaupten, sein Denken, seine Habe, seinen (inneren) Frieden zu wahren, trifft auf einen Glauben wider besseres Wissen; einen Glauben, der da einsetzt, wo unser Wollen an die Grenzen einer Außenwelt stößt. Diese will unseren Willen nicht brechen, viel schlimmer: sie will unseren Willen haben!

Unsere Welt krankt. Hinsichtlich dieser Feststellung ist es gleichgültig, wann Sie diese Einführung in ein Kirchenprojekt zwischen Kunst und Religion lesen. Egal wann, die Welt wird krank sein. Krankheit ist ein Phänomen jeder Gegenwartsgesellschaft. Nicht allein vom kranken, niedergeschlagenen Ich ist heute die Rede, sondern ebenso von „kranken Börsen" und „ungesundem Arbeitsmarkt", von „Politikverdrossenheit", „Volksdepression" usw. Der heillose Krieg im Irak, der am gleichen Tag im Jahre 2003 beginnt, an dem sich die *Church of Fear* gründet, wird morgen nur noch einmal medial nachbereitet; übermorgen wird er ein zwar zeitnahes, trotzdem aber schon historisches Ereignis sein, das wir nicht mehr als noch sprichwörtlich in schlechter Erinnerung behalten. Unser Tagesbewusstsein gehört dann vielleicht schon dem nächsten Krieg, zwischen bösen und willigen Achsen, zwischen Arbeitnehmern und Arbeitgebern, zwischen Koalitionspartnern, zwischen Bruder und Schwester. Unsere Welt krankt.

In Zeiten und Gesellschaften wachsender Orientierungslosigkeit entwickeln Menschen ein gesteigertes Bedürfnis nach Ritualen und Kulten, die Ängste bekämpfen und den Teufel austreiben, die Hoffnung und Perspektive verheißen – die „Glauben machen". Glauben wird dort am effektivsten produziert, wo nichts dringlicher wäre als Unglaube. Die Politik geißelt ihre Unglaubwürdigkeit in Lügenausschüssen; Gerichte beklagen das kalkulierte Falschmelden der Sender; Klonsekten verkünden die automatisierte Unsterblichkeit; ein „Glaubenskrieg" ist im Gange ... Was wäre das Gute ohne das Böse? Mit dem Verzicht auf Teufel und Hölle hakt die ganze Konstruktion aus, schreibt Niklas Luhmann, und reduziert Religion und Glauben auf ein gesellschaftliches Teilsystem unter anderen. In einer anderen Gegenwartsgesellschaft wäre er dafür als Ketzer verurteilt und auf einem Scheiterhaufen mitten in Bielefeld verbrannt worden. Im Bagdad unserer Tage würde er für diesen Satz vermutlich gefoltert – in einem US-amerikanischen Kriegsgefangenenlager auch; je nachdem, wer sich als das Gute bezeichnet und was dieses Gute als das Böse ausmacht und als solches instrumentalisiert.

Vor dem Hintergrund dieser aktualisierten Glaubensthematik, die mit Begriffen wie „Weltanschauung", „Sektiererei" oder „Glaubensbekenntnis" einhergeht, probt die *Church of Fear* den fliegenden Wechsel zwischen den Funktionssystemen Kunst und Religion, ästhetischem und kirchlichem Ritus. Am 20. März 2003 gegründet, beabsichtigt sie die Ausrufung einer Gemeinschaft der Nicht-Gläubigen, die sich von den Glaubensangeboten der öffentlichen Geheimbünde in Politik, Wirtschaft und Kultur lossagt. Dem Glaubenmachen der politischen Sektierer, der Weltwirtschaftsverschwörungstheoretiker und Fernsehpfarrer stellt die *Church of Fear* einen grundlegenden Verdacht gegenüber: den Verdacht der lobbyistischen Manipulation von Schwäche und Schmerz, von Hilflosigkeit und Hysterie. Die Angstproduktion ist ein evolutionärer Prozess, gegen den nicht einmal eine Kunstkirche etwas einzuwenden hat. Indes wehrt sich die Angstkirche sehr wohl gegen Angst als Produkt, das von Apparaten jedweden Systems in ihren angeschlossenen Machtmanufakturen hergestellt wird. Sie wehrt sich gegen Horrorszenarien und Schreckensbilder, die schnell entfaltet, weil schnell benötigt werden. Sie wehrt sich gegen Angst als Gebrauchsgegenstand im Tetra-Pak, die heute auf den Markt geworfen wird, weil man ihrer heute noch bedarf. Und morgen kommt die Müllabfuhr (auch jedweden Systems), um kommenden Produktlinien Platz zu schaffen.

Die *Church of Fear* entzieht interessensgesteuerten Propheten und Un-Heilsverkündern das Vertrauen.

Die *Church of Fear* fordert die konkrete Auseinandersetzung mit dem Phänomen säkularer Glaubensgruppen, wie sie prägenden Charakter besitzen für eine globale, gerade deshalb aber immer spezifischer werdende One World, die sich in zahllose Scheinwelten verflüchtigt.

Die *Church of Fear* ruft auf zur künstlerischen Beobachtung von zweifelhaften Weltanschauungen in zweifelhaften Zeiten.

Die *Church of Fear* macht ihrerseits keine Versprechungen. Sie verkündet nichts. Sie zementiert keine für ihre Ungläubigen verbindlichen Dogmen.

WENN SICH ALSO EINE KIRCHE IM KUNSTRAUM GEGEN DIE RAUMGREIFENDE INSZENIERUNG WENDET – DANN MÜSSEN WIR IHR GLAUBEN!

Basis dieser Basiskirche der Angst ist allein das Bekenntnis zur eigenen Angst – Angst vor dem Alter, vor dem Tod, vor Terror und Verrat ... Angst selbst ist das Gebot. Wer in diesen coolen Zeiten zur Schwäche steht, ist mehr als nur unangreifbar. Wer Angst hat, der hat ein zeitlos probates Mittel gegen die Auswüchse des Zeitgeists, gegen Mut, Risikobereitschaft und Durchsetzungskraft um jeden Preis. Wer seine Angst auch noch demonstriert, der legt sich einen wirksamen Schutz gegen die staatlich geprüften Ghostbuster und notorischen Problemlöser zu. Wenn also das nächste Mal ein Staatsvertreter bei Ihnen klingelt und androht, sich Ihrer Ängste anzunehmen – nach der Wahl –, dann rufen Sie ihm zu: „Meine Angst gehört mir!" Das Gebot, das Sie befolgen, heißt Angst.

Losgelöst von religiösen Kontexten betrachtet die *Church of Fear* nicht länger nur die üblichen Verdächtigen, Sonnentempler, Scientologen oder Raelianer. Deren menschen-, d.h. angstverachtende und darum lebensfremde Weltsicht liegt auf der Hand. Wie aber steht es um den Irrglauben ganz anderer, augenscheinlich nicht welt- und zukunftsfremder Gruppierungen und Systeme? Wieviel Vertrauen ist einem Weltenlenker oder Parteidiener zu schenken, dem nonfiktive Geldkofferträger die Fraktionszwangsjacke anlegen? Welchen Realitätskontakt beweist ein Unternehmen auf alten und Neuen Märkten noch, wenn seine Beschäftigten auf Firmengebote eingeschworen werden? Welche magischen Kanäle befahren Medien, wenn sie das Wirkliche ihrer Wirklichkeitskonstruktionen zunächst gerichtlich einklagen müssen? Wo Gewissen und Gebaren zu zwei Seiten einer Medaille werden, da heißt die Währung Angst. Wer bestimmt ihren Kurs? Und wer zahlt die Zeche? „Parteilinien", „Firmenphilosophien" oder Corporate Identities sind zu Ersatzreligionen mutiert. Gegen sie macht kein Papst Front, solang er mit einem „Best of Gotteslob" die polnischen Charts stürmt.

Infiltration ist der Hit. WIR HABEN ALLEN GRUND, ANGST ZU HABEN!

Die *Church of Fear*, von Christoph Schlingensief und anderen Angstbesessenen ins Leben gerufen, dehnt den sektiererischen Gedanken auf federführende und irreleitende, Meinung bildende Anstalten und Glauben machende Gestalten aus. Von zentraler Bedeutung ist dabei das Verständnis systembestimmender Interessensgruppen: die Fernsehshow als Messfeier, die Stallorder als Gebot, die Kanzlerkandidatenkür als Himmelfahrt, die Gesetze des Marktes als apokryphe Schrift. Die Liste sprachlicher – und nicht minder inhaltlicher – Analogien zum Glaubens- oder Sektenbegriff ließe sich beliebig fortsetzen. Gemeinsam ist ihnen die interne Erzeugung von Wortführern, Prophetengestalten und Heilsbringern im rhetorischen Gewand, ihren Heilsversprechen und Millenniumsbotschaften, auch nach 2000. Sie sind alles andere als Laienprediger, sie sind professionelle Prediger vor Laien. Nicht alle, aber viele von ihnen sind eines Beobachtungspostens wert, den ein *Church of Fear*-Gemeindemitglied bezieht. Inmitten der postmodernen, sich permanent und radikal chiffrierenden Gesellschaft stellen die täglichen Massenhypnosen den untauglichen, dabei aber wundersam glaubhaften Versuch dar, ihrem Publikum paradiesische Zustände in Aussicht zu stellen. Die Versuchsleiter greifen in eine mit Offenbarungen und neuzeitlichen Evangelien prall gefüllte Trickkiste – und wir sind ihre Versuchskaninchen.

Die *Church of Fear* hat keine Tricks. Weniger noch, sie hat nicht einmal Antworten. Statt dessen stellt sie Fragen nach dem „Was tun ...?".

Was tun, wenn an die Stelle des Glaubens der Verdacht auf Instrumentalisierung eben dieses Glaubens tritt? Wem ist noch zu trauen, oder, marktgerecht gefragt: „Glaubst Du noch oder zweifelst Du schon?"

Was tun, wenn pseudo-ideologischen Nachrichten aus den Glaubenssendern gestörte Empfänger gegenüberstehen? Ist Glauben ein Muss?

Was tun, wenn aus dem Verdacht, der Kritik, der Ablehnung dieser empfangsgestörten Botschaften eine neue positive, d.h. vertrauenswürdige Kraft entsteht? Eine Kraft, deren Sender mit dem Empfänger identisch ist?

DIE *CHURCH OF FEAR* IST AUS ALLEN WELT- UND GLAUBENSKIRCHEN AUSGETRETEN – DAS MACHT SIE GLAUBWÜRDIG!

Die *Church of Fear* ist nicht annähernd so transzendent veranlagt, dass sie sich selbst für eben diese Kraft hält. Vielmehr ist sie Anlaufstation und Beichtstuhl für all jene, die langgestreckt auf dem Boden der mutmaßlichen Tatsachen gelandet sind. Es sind Menschen, denen das Glauben misslungen ist, die im Bewusstsein eigener Unzulänglichkeit jetzt einfach mal an sich glauben. In der Anlaufstation der geografisch unverorteten *Church of Fear* treffen sie also sich selbst, im Beichtstuhl sitzen sie also auch sich selbst gegenüber. Das funktioniert ganz unesoterisch. Der so weltweiten wie heimatlosen Angstkirche geht es nicht um die bloße Negation, nicht um einen persönlichen Affekt gegen Politiken, Ideologien oder diesseitige Vorurteile gegen eine jenseitsgewandte, folglich gegenwartsabstinente Religion. Die *Church of Fear* will das Potenzial dieser vertrauenswürdigen Kraft erforschen und dort, wo sie auf Energiefelder trifft, diese bespielen – mit den Mitteln des Funktionssystems Kunst, aber kunst- und systemübergreifend. Wie jedes Verständnis von Anschauungen anderer mit der Beobachtung dessen beginnt, was sie in eigenen Worten denken und sagen, so will sich die *Church of Fear* – affirmativ und zugleich differenziert – mit diesen Anschauungen auseinander setzen. Vor den Ernteerträgen auf diesen Energiefeldern darf man sich gewiss ängstigen. In der *Church of Fear* muss man es sogar!

Die *Church of Fear* wird dabei auch eigene Anschauungen formulieren müssen, um nicht fahrlässig zu erscheinen, um nicht nur Kunst zu bleiben. Bestenfalls versammelt sie genau so viele Anschauungen, wie sie Mitglieder hat. Damit gewährt die *Church of Fear* tiefe Einblicke in ihr eigenes System, ein Unglaubenssystem. Sie bezieht Position, wie die observierten Systeme selbst, aber stellt sich darüber hinaus auch gleich zur Disposition. Die *Church of Fear* strebt nicht in Richtung Unendlichkeit. Glaubensgemeinschaften wie Weltanschauungen hingegen sind omnipotent angelegt und erheben in verschiedensten Varianten einen Ewigkeitsanspruch, der beim einen bis zum Jüngsten Tag und darüber hinaus, beim anderen lediglich bis zur kommenden Parlamentswahl reicht. So progressiv ihr Selbstbild auch sein mag, so sind es doch soziale Bewegungen mit stark archaischen, stammesgleichen Eigenschaften. Sie sind hierarchisch geordnet und bedienen sich diverser Rituale, denen mittlerweile in aller Regel ein zweites Ritual, die Medieninszenierung, übergestülpt wird. Gleichgültig, ob Kirchensegen oder Parteitag, ob Terroristenhatz oder Königshochzeit – wir werden systematisiert. Unter strukturellen Aspekten können solche Stammesgebilde als von geringer Haltbarkeit und Tiefenwirkung betrachtet werden, denn Glauben heute ist in jedweder Hinsicht an das Event gekoppelt. Im Sinne Vertrauen erweckender Maßnahmen müssen sie sich schnelllebigen Entwicklungen anpassen, zum Zwecke der Bindung von Gläubigen, d.h. auch von Kunden, von Wählern. Die modernen Stämme müssen sich Veränderungen unterwerfen, um selbst weiterhin unterwerfen zu können. Sie büßen damit Großteile ihrer Autonomie erklärenden Prinzipien und Traditionen ein. Die *Church of Fear* spielt dieses Werden, Sein und Enden einer Körperschaft, einer Glaubensgemeinschaft durch, als (Anti-)Körperschaft und Gemeinschaft von Nicht-Gläubigen.

Das Gebot der *Church of Fear*: HABT ANGST!

Unter dem Motto „Wir sind die Glaubenspolizei" ist es Aufgabe der *Church of Fear*, die Stadt vom Glaubensverbrechen zu befreien und Angst und Schrecken zu verbreiten. Ihr Kampf richtet sich gegen das Alltagsdiktat, die Medienkonstruktion, das Werbedogma, das Wahlversprechen, die Seligsprechung am Beispiel einer Konstruktion im Kunst- und Medienraum. Die Konstruktion heißt *Church of Fear*.

Der *Church of Fear*-Gedanke: Die Anwendung von Kategorien unserer Gesellschaften bzw. unserer vermainstreamten Vorstellungen von Politik, Medien, Religiosität usw. führt schließlich dazu, dass größtenteils identische Theorien und Praktiken unterschiedlichen gesellschaftlichen Phänomenen zugeordnet werden. Parteitag wird Gottesdienst, Gottesdienst wird TV-Event, TV-Event wird Wunderheilung wird Theateraufführung wird Sozialtherapie wird Parteitag ...

IM EWIGEN KREISLAUF DER GLAUBEN MACHENDEN INSZENIERUNGEN WIRD UNS SCHWINDELIG – DIE *CHURCH OF FEAR* DECKT DIESEN SCHWINDEL AUF!

Die *Church of Fear* stellt sich der klaffenden Lücke zwischen a) auf Bekenntnis und Hoffnung beruhenden Glaubensmärkten und b) auf Daten und Fakten basierenden Märkten und erstellt c) das Mosaik eines gesamtgesellschaftlichen Systems, das aufgrund von Daten und Fakten, wie unwahr sie auch sein mögen, Leichtgläubigkeit praktiziert, sorglos vor sich hin vegetiert und aus einer oftmals frustrierenden Wahrheit deshalb eine ihren schwindenden Überzeugungen kompatible Wirklichkeit missgestaltet. Gegenüber allen dreien mangelt es an Skepsis, an Verdacht und an jener gebotenen Ungläubigkeit, die auf Bedenken, auf Angst beruht. Die gesamtkritische Haltung der *Church of Fear* ist dabei keine nihilistische Attitüde. Sie ist keine Verschwörungstheorie, sie ist eine Abschwörungspraxis. Die *Church of Fear* lehnt negatives Engagement ab. Sie steht für Veränderung und Verbesserung. Auf der Prozession dorthin verlangt die *Church of Fear* die konstruktive Beschäftigung mit den allgegenwärtigen Depressionen. Die Haltung der *Church of Fear* markiert diese Depressionen. Sie fordert zum Umgang mit der Depression auf. Die Angst, zu der man sich bekennt, ist ein Glück.

Church of Fear bedeutet eine neue, verdächtigende Kraft aus der Kraft der Angst heraus. Diese Kraft setzt sich gegen die Agonie des Realen zur Wehr, indem sie jene am Beispiel der *Church of Fear* demonstriert – theatral, operal, aktionistisch und virtuell (www.church-of-fear.net und www.cof.com.ly).

"Habemus Fear" –
The confessional art of the *Church of Fear*

JÖRG VAN DER HORST

Belief systems (churches, religious communities, sects, ...) are brought forth in any period, above all by war and disease, loss and frustration, in short, by producers of fear. Already in this regard, Arthur Schopenhauer's *The World As Will and Idea* is identical with our own world. It is our idea of a world which works straightforwardly and trouble-free, in which television, insofar as television knows such a world at all, does not reproduce any images of poverty and assassinations. After all, it is a world which is true, without lies and deception, and sound in its details as well as in the entire organism. A lovely, perfect world ... The will of each one of us to assert oneself, one's thinking, one's possessions, to preserve one's (inner) peace, encounters a belief against better knowledge, a belief that starts where our will comes up against the limits of an external world. This world does not want to break our will. It is much worse: it wants to have our will!

Our world is sick. With regard to this observation it is unimportant when you read this introduction to a church project situated between art and religion. No matter when, the world will always be sick. Sickness is a phenomenon of every contemporary society. There is talk today not only of the sick, depressed ego, but also of 'sick stock exchanges' and an 'unhealthy labour market', of people being 'sick of politics', of 'depression in the population', etc. The dreadful war in Iraq which started on the same day in 2003 on which the *Church of Fear* was founded, will only be worked up by the media once more tomorrow. The day after tomorrow it will be a happening still close to us in time, but nevertheless already an historical event which we no longer remember other than proverbially in bad memory. Our everyday consciousness will then perhaps already be devoted to the next war between evil and willing axes, between employees and employers, between coalition partners, between brothers and sisters. Our world is sick.

In times and societies in which there is a growing lack of orientation, people develop a heightened need for rituals and cults which fight fears and drive out the devil, and promise hope and a perspective – which 'make you believe'. Belief is produced most effectively there where nothing is more urgent than disbelief. Politics flagellates its lack of credibility in commissions for lying. Courts complain about calculated false reports of the media. Cloning sects announce automated immortality. A 'war of faith' is underway ... What would the good be without evil? By renouncing the devil and hell, the entire construction gets out of kilter, writes Niklas Luhmann, and reduces religion and faith to one partial social system among others. In another contemporary society he would have been damned for this as an heretic and burned at the stake in the middle of Bielefeld. In today's Baghdad he would probably be tortured for this statement, and also in a US prisoner of war camp, depending upon who calls himself good and what this good constitutes as evil and instrumentalizes as such.

Against the background of this updated theme of faith, which goes along with terms such as 'Weltanschauung', 'sectarianism' and 'confessional belief', the *Church of Fear* tries out the quick change between the functional systems of art and religion, aesthetic and ecclesiastical ritual. Founded on 20 March 2003, it intends to call for a community of non-believers to renounce the offers of faith made by the public secret societies in politics, business and culture. The *Church of Fear* contraposes a fundamental suspicion to the efforts of political sectarians, theorists of a worldwide economic conspiracy and TV evangelists to make people believe: the suspicion of a lobbying manipulation of weakness and pain, of helplessness and hysteria. The production of fear is an evolutionary process against which not even a church of art has any objection. Nonetheless, the *Church of Fear* rejects and resists fear as a product that is produced by apparatuses of each and every system in their adjoining power factories. It resists scenarios of horror and images of terror which are quickly unfolded because they are needed quickly. It resists fear as an everyday article in a Tetra Pak which is thrown on the market today because it is still needed today. And tomorrow, the garbage collector (also of each and every system) will come to clear up and make space for coming product lines.

The *Church of Fear* gives a vote of no confidence in the prophets and warners of disaster who are guided by self-interest.

The *Church of Fear* demands a concrete critical discussion of the phenomenon of secular faith groups in the typical character they have for a global world, which therefore is becoming precisely a more and more specific One World that evaporates into countless illusory worlds.

The *Church of Fear* calls for artistic observation of dubious worldviews in dubious times.

The *Church of Fear*, for its part, does not make any promises. It does not announce anything. It does not set out any entrenched, binding dogma for its unfaithful.

THUS, WHEN A CHURCH IN THE SPACE OF ART TURNS AGAINST EXPANSIVE STAGINGS, WE HAVE TO BELIEVE IN IT!

The basis for this grass-roots *Church of Fear* is solely a confession of one's own fear – fear of getting old, fear of death, fear of terror and betrayal ... Fear itself is the commandment. Those who in these cool times admit their weakness are more than merely vulnerable. Those who have fear also have a timelessly proven means against the outgrowths of the Zeitgeist, against courage, daring and self-assertiveness at any price. Those who also even demonstrate their fear put on effective protection against the state-approved ghost-busters and notorious problem-solvers. So, the next time a representative of the state rings on your doorbell and threatens to take away your fears – after the elections – , call out to him, "My fear is mine! It belongs to me!" The commandment which you follow is fear.

Released from religious contexts, the *Church of Fear* no longer observes only the usual suspicious persons, sun-worshippers, Scientologists and Raelians. Their worldviews, which despise fear and are therefore estranged from real life, are obvious. But what is the situation with the erroneous belief of completely different groups and systems, apparently not out of touch with the world and its future? How much trust is to be placed in someone who guides the world or serves a party and who is subjected to party discipline by non-fictitious money porters? How much contact with reality is proven by a company on old and new markets if its employees have to swear an oath that they will follow corporate commandments? Which magical channels are taken by the media when they have to at first take court action to assert the reality of their constructions of reality? Where conscience and comportment become two sides of the same coin, the currency is called fear. Who determines its exchange rate? And who pays the bill? 'Party lines', 'corporate philosophies' and corporate identities have mutated into ersatz-religions. No pope takes action against them as long as he storms the Polish charts with a 'Best of the Hymn Book'.

Infiltration is the hit. WE HAVE EVERY REASON TO HAVE FEAR!

The *Church of Fear*, called into being by Christoph Schlingensief and others who are filled with fear, extends the sectarian idea to opinion-making institutions which lead or mislead and to figures who make people believe. Of central importance is the understanding of interest groups that determine the system: the TV show as celebration of mass, insider club regulations as commandments, the choice of

Chancellor candidate as ascension, the laws of the market as apocryphal writing. The list of linguistic and also substantial analogies with the concept of faith or sect could be extended at will. What is common to them all is the internal generation of speakers, prophetic characters and saviours in rhetorical garb, their promises of salvation and their messages for the millennium, even after 2000. They are anything but lay preachers; they are professional preachers in front of laypersons. Many of them, but not all, are worth setting up an observation post occupied by a member of the community of the *Church of Fear*. In the midst of post-modern society which is constantly and radically encoding itself, the daily mass hypnoses represent the inept, but wonderfully credible attempt to offer their public the prospect of paradisiacal conditions. The heads of the experiment dip into a bag of tricks with revelations and modern gospels – and we are their guinea-pigs.

The *Church of Fear* does not have any tricks. Even less, it does not even have any answers. Instead, it poses questions concerning "What is to be done?"

What is to be done when the place of faith is taken by suspicion about the instrumentalization precisely of this faith? Who is still to be trusted, or, asked in a way suited to the market, "Do you still have faith or do you already have doubts?"

What is to be done when pseudo-ideological news from the belief stations stand vis-à-vis disturbed receivers? Is faith a must?

What is to be done if, from the suspicion, the critique, the rejection of these garbled messages, a new, positive, i. e. trustworthy force arises? A force whose transmitter is identical with the receiver?

THE *CHURCH OF FEAR* HAS LEFT ALL THE WORLDLY CHURCHES AND CHURCHES OF FAITH – THAT MAKES IT CREDIBLE!

The *Church of Fear* is not nearly as transcendently disposed as to regard itself as precisely this force. Rather, it is a meeting point and confessional booth for all those who have landed prostrate on the ground of the supposed facts. They are people who have not succeeded in believing, who, with the awareness of their own inadequacy, now simply believe in themselves. At the meeting point of the geographically non-locatable *Church of Fear*, they only meet themselves, and in the confessional booth they only sit opposite themselves. This works completely unesoterically. The worldwide, homeless *Church of Fear* is not concerned with pure negation, with personal aversions to politics, ideologies or with worldly prejudices against a religion oriented toward the beyond and therefore toward abstinence from the present. The *Church of Fear* wants to explore the potential of this trustworthy force and there, where it comes across fields of energy, record them – with the means of the functional system of art, but in a way comprising both art and a system. Since any understanding of the views of others starts with the observation of what they think and say in their own words, the *Church of Fear* wants to engage – affirmatively and at the same time in a differentiated way – with these views. One may certainly be scared of the harvests from these fields of energy. In the *Church of Fear* one even has to be scared!

The *Church of Fear* will also have to formulate its own views in order not to appear negligent, in order not to remain merely art. At best it will gather just as many views as members. With this, the *Church of Fear* will provide deep insights into its own system, a system of disbelief. It will take up positions, like the observed systems themselves, but it will also immediately put itself at the disposal of others. The *Church of Fear* does not strive in the direction of infinity. Communities of faith and Weltanschauungen, by contrast, are designed to be omnipotent and make a claim to eternity in the most diverse variations, which in the one case stretches to doomsday and beyond, and in the other, only to the next parliamentary elections. No matter how progressive their self-image may be, they are nevertheless social movements with strongly archaic, tribal qualities. They are hierarchically ordered and make use of various rituals upon which nowadays a second ritual, the media staging, is usually superimposed. No matter whether it be a matter of church blessings or party congresses, the hunt for terrorists or a royal wedding, we are systematized. From a structural viewpoint, such tribal structures can be viewed as being unstable and with only superficial effects because today faith is coupled with the event in every respect. In the sense of measures engendering trust, they have to adapt to fast-moving developments for the purpose of consolidating the loyalty of the faithful, i. e. also of customers and voters. The modern tribes must subject themselves to change in order themselves to continue to subjugate others. They thus lose major parts of their traditions and their principles which explain their autonomy. The *Church of Fear* rehearses this becoming, being and end of a corporation, of a community of the faithful as an (anti-)corporation and community of the non-faithful.

The commandment of the *Church of Fear*: HAVE FEAR!

Under the motto, 'We Are the Faith Police', it is the task of the *Church of Fear* to free the city of faith crimes and to spread fear and terror. Its struggle is directed against the dictates of everyday life, the constructions of the media, the dogma of advertising, the election promises, the blessings, by employing the example of a construction in the space of art and the media. The construction is called the *Church of Fear*.

The idea of the *Church of Fear*: the employment of categories of our societies and our mainstream notions of politics, media, religiosity, etc. leads ultimately to the situation that largely identical theories and practices are ascribed to different social phenomena. Party congress becomes church service, church service becomes TV event, TV event becomes miracle-healing becomes theatre performance becomes social therapy becomes party congress ...

IN THE ETERNAL CIRCULATION OF FAITH-ENGENDERING STAGINGS WE BECOME GIDDY AND HAVE THE WOOL PULLED OVER OUR EYES. THE *CHURCH OF FEAR* UNCOVERS THIS SWINDLE!

The *Church of Fear* takes on the challenge of the yawning gap between a) faith markets based on confession and hope and b) markets based on data and facts and thus generates c) the mosaic of a total social system that practises credulity based on data and facts, no matter how untrue they may be, carelessly vegetates from day-to-day and, out of an often frustrated truth therefore deforms a reality to make it compatible with its vanishing convictions. Vis-à-vis all three there is a lack of scepticism, suspicion and that well-advised incredulity based on reservations, on fear.
The globally critical stance of the *Church of Fear* is nonetheless not a nihilistic attitude. It is not a conspiracy theory. It is a practice of abjuration. The *Church of Fear* rejects negative commitment. It stands for change and improvement. On the procession toward them, the *Church of Fear* demands constructive engagement with the omnipresent depressions. The stance of the *Church of Fear* marks these depressions. It calls on people to deal with depression. The fear to which one confesses is a happiness.

The *Church of Fear* signifies a new, suspecting force emerging from the force of fear. This force resists the agony of the real by demonstrating it through the example of the *Church of Fear* – theatrically, operatically, with performances and virtually (www.church-of-fear.net and www.cof.com.ly).